Pour Pierre-Alexandre

ce

PETIT TRAITÉ DE LA LENTEUR

à lire sans tarder...

mais en prenant le

[illegible] !

Amitiés

[illegible]

DANS LA MÊME COLLECTION

Petit Traité de la mort à l'usage des bons vivants, Christopher Laquieze, 2024.

Collection créée et dirigée par Christopher Laquieze et Mathias Leboeuf.

ISBN : 978-2-8132-3307-3

www.editions-tredaniel.com
info@guytredaniel.fr
www.facebook.com/tredaniel.reflexion
@tredaniel_reflexion

MATHIAS
LEBOEUF

PETIT TRAITÉ DE LA LENTEUR

à l'usage des gens pressés

Guy **Trédaniel** éditeur
19, rue Saint-Séverin
75005 Paris

À Ulysse et Astrée, mes fulgurances

SOMMAIRE

Sommaire

INTRODUCTION

La lenteur a mauvaise réputation. On ne l'apprécie pas spontanément. Elle exaspère souvent. Et pourtant, elle n'est pas uniquement ce défaut rédhibitoire et invalidant que l'on rejette hâtivement. Elle se révèle même être bien plus, si on veut bien la considérer hors de tout préjugé.

Pourquoi sommes-nous systématiquement amenés à détester la lenteur ? Qu'est-ce qui nous la rend immédiatement insupportable ? De quoi la lenteur est, pour nous, le nom ? Quel miroir tend-elle à notre contemporanéité pressée et agitée ? La lenteur n'est pas un objet philosophiquement pur ; pourtant, elle est à la croisée de nombreux questionnements qui s'y rattachent.

Ce traité est composé de plages, menées « à sauts et à gambades », comme disait Montaigne, plus ou moins courtes, avec des régimes de textes assez différents, multiples. Certaines sont ancrées dans les situations très concrètes, d'autres sont plus métaphysiques. Certaines seront immédiatement lisibles, d'autres, amenées à travailler plus sourdement, plus abstraitement aussi.

L'ambition de ce traité est d'arriver à tenter de débusquer les significations de la lenteur et ce qu'elle convoque irrémédiablement : l'agacement, l'attente, la déception... Mais aussi de penser la lenteur par et pour elle-même, dans son immanence propre ; et de faire ainsi émerger, par petites touches, un concept de lenteur et le personnage conceptuel de « l'être-lent ».

Enfin, parce que l'un des objets de la philosophie est de produire des propositions philosophiques, des miscellanées recueilleront, pour achever ce texte, les « fruits » de cette pensée de la lenteur sous forme d'aphorismes.

OUVERTURE EN FORME DE SIGNES

31 décembre 2023, Cannes

Alors que je remonte le boulevard Alexandre-III, une boîte à livres, sur la façade du théâtre qui jouxte le palais Madrid, attire mon attention. Comme chaque fois que j'en croise une, je ne peux m'empêcher d'y jeter un coup d'œil furtif. Quasiment un réflexe, plus que de la curiosité. Même si celle de voir quels livres peuvent être « rejetés » par les résidents de ce quartier m'anime aussi. Petite sociologie sauvage improvisée. *La Deuxième Mort de Ramón Mercader*[1],

1. Jorge Semprún, *La Deuxième Mort de Ramón Mercader*, Folio, 1984.

de Jorge Semprún, voisine avec trois tomes de la « Sélection du livre » : *Colas Breugnon*[1], de Romain Rolland ; un Agatha Christie ; et *L'Écume des jours*[2], de Boris Vian. Pas mal, pour ce quartier hautement bourgeois de la Pointe Croisette. Mais mon attention s'arrête sur un autre volume : un exemplaire de *Citadelle*[3], de Saint-Exupéry. Le livre, de poche, n'a aucune valeur. Il est un peu piqué par les ans et l'humidité. Impossible, pourtant, de le laisser là, pour une simple raison, symbolique : mon grand-père maternel a volé, en des temps agités et incertains, juste avant-guerre, avec Saint-Ex. C'est idiot, mais les récits de mon aïeul à l'esprit, faisant partie du « roman familial », m'empêchent d'abandonner, là, *Citadelle* à son sort.

Le livre en main, je m'apprête à poursuivre mon chemin quand un dernier ouvrage m'arrête. Un *Dictionnaire analogique*, publié

1. Romain Rolland, *Colas Breugnon*, Le Livre de Poche, 1975.
2. Boris Vian, *L'Écume des jours*, Le Livre de Poche, 2014.
3. Antoine de Saint-Exupéry, *Citadelle*, Folio, 2000.

chez Larousse, attend lui aussi dans la boîte. Défraîchi. Très défraîchi. Défraîchi au point qu'il est étonnant qu'il n'ait pas fini directement à la poubelle. Il faut croire qu'il y a encore des âmes pour penser qu'un livre ne se jette pas. N'eût-il été « analogique », ce dictionnaire, que je n'aurais probablement pas eu envie de l'ouvrir. Mais le qualificatif piqua une nouvelle fois ce qu'il est bêtement convenu d'appeler « un vilain défaut ». Je ne suis pas bien sûr de savoir ce qu'est un dictionnaire « analogique », et j'ai besoin de vérifier. Je le prends, l'ouvre au hasard, page 387, et tombe au premier regard sur le mot « LENT ».

Stupéfaction devant une telle synchronicité (synchronicités auxquelles je ne crois pourtant pas) : je dois justement commencer l'écriture d'un essai sur la lenteur !

Quel hasard, ou quelle nécessité, tient soudainement à me signifier que je le suis : lent à la détente ? Depuis plusieurs semaines, je malaxe, en effet, sourdement des idées sur le sujet, sans pour autant avoir jusqu'à présent écrit une seule ligne. Il semblerait qu'il soit temps. Tout armé de son analogisme, ce dictionnaire fatigué m'intime subitement de commencer enfin.

LENT. Du latin *lentus*; en grec *bradus*. Qui n'est pas rapide dans ses mouvements, dans ses actions. Lambin, mou, traînard, musard. Flâneur. Indolent. Apathique. Nonchalant. Autre définition: qui s'accomplit après beaucoup de temps.

La lenteur a-t-elle à voir avec les signes, avec des messages qu'une réalité invisible pourrait nous envoyer? Le penseur indécrottablement matérialiste et immanentiste que je suis (tout est ici, pas d'arrière-monde ni de transcendance) n'ose pas même y penser. Et pourtant. Quelques semaines auparavant, alors que venait juste de se sceller l'écriture de ce petit traité, j'entrais dans une libraire de livres d'occasion à proximité de la cité universitaire.

Je connaissais l'endroit et me dirigeai directement vers le rayon «Philosophie», jouxtant celui de la psychanalyse. À l'aveugle et machinalement, je tirai un livre comme on tire une boule de loto de la sphère qui les contient. Le titre me dessilla : *Du bon usage de la lenteur*[1], de Pierre Sansot.

1. Pierre Sansot, *Du bon usage de la lenteur*, Rivages, 2000.

UNE LENTEUR DE QUALITÉ

La curiosité n'est pas seule à être considérée comme un vilain défaut. Il y a quelques années de cela, je postulais à une offre d'emploi dans une agence de presse adossée à une agence de communication. Les fondateurs cherchaient un journaliste qui n'était ni effrayé par les idées ni par la communication. Les deux n'allant pas forcément de pair. Les trois même, pour être honnête. Si la devanture était attrayante, et semblait tout avoir pour séduire le chaland, l'entretien – qui fut long – tourna pourtant vite court. Rapidement, le postulant que j'étais se sentit mal à l'aise. Celui qui m'interrogeait pour savoir qui j'étais, ce que j'avais fait, ce que je cherchais, pourquoi j'étais là me fit la pire impression : il ne mit pas longtemps à se montrer boursouflé de satisfaction, arrogant, narcissique, hâbleur, sournoisement autocrate… J'eus très vite envie de ne pas travailler avec lui. Il était clair que ce n'était pas le bon endroit, le bon moment, la bonne personne.

Cette sensation eut probablement pour effet de me soulager de toute constriction. Je me sentis totalement dégagé et libre d'abréger mes souffrances… ; s'il n'y avait eu ce plaisir narquois d'écouter et d'observer un spécimen de pensée basse en action. Jusqu'au moment où il eut la bonté de me demander quelles étaient ma ou mes principales qualités. Question tellement prévisible que seule une réponse hautement inattendue pouvait en déjouer la bêtise et tenter de rendre la situation un peu intéressante. Quel candidat ne s'est pas apprêté à répliquer : « Je suis consciencieux », « Je suis créative » ou « J'ai le sens des responsabilités », « Je suis adaptable », « J'ai un très bon relationnel », « Je suis bienveillant »…, au gré du vent qui souffle jusqu'aux oreilles de celui qui veut entendre ?

Quelle est ma principale qualité ? « Je suis lent », me suis-je entendu répondre.

Le temps, pour le coup, se suspendit. Le rodomont s'interloqua.

— Je vous ai demandé une qualité, pas un défaut, reprit-il aussitôt, avec la morgue de celui qui pense avoir l'animal à portée d'estocade.

— Oui, j'ai bien entendu. Ma principale qualité est la lenteur.

Stupéfaction, consternation et incompréhension.

Et d'improviser une célébration de la lenteur – et de ses vertus méprisées – manifestement si convaincante qu'après un temps d'écoute silencieuse inhabituel je l'entendis rétorquer :

— Euh… très bien, c'est parfait. Vous pouvez commencer quand ?

Cette fois, la réponse ne fut ni lente… ni positive.

FAIRE DÉFAUT

Apathie, mollesse, indolence, nonchalance..., la lenteur est non seulement marquée du sceau négatif, mais aussi de celui du manque. Manque de rapidité à réagir, à effectuer une action, à se manifester.

Est lent celui qui n'est pas rapide. Il y a comme une impossibilité à penser et définir la lenteur pleinement, positivement, par elle-même et pour elle-même, par ses qualités propres. La lenteur est toujours pensée comme un défaut; elle fait défaut.

Elle partage cette double disgrâce avec le désir. De Platon à Freud, une longue tradition de pensée a abordé le désir comme le symptôme d'un manque à combler. Le désir est alors une dépossession de soi. Il faudra attendre Spinoza pour ne plus penser le désir comme une déchéance, mais comme l'affirmation toute positive d'une puissance d'exister.

De quoi la lenteur est-elle l'affirmation positive ? Peut-on penser l'immanence même de la lenteur, comme on dit en philosophie ? C'est-à-dire sans plus la rapporter à quelque chose d'extérieur qui viendrait à manquer ou à défaillir.

La lenteur fait défaut. C'est ce qui la rend immédiatement insupportable à la plupart des gens. N'y a-t-il pas de belles lenteurs ? Des lenteurs appréciables, agréables ? Pourquoi sommes-nous spontanément enclins à détester la lenteur ?

ÊTRE LENT, ÊTRE LONG

Être lent, c'est toujours être long. Long à arriver, long à agir, long à la détente. J'espère que le lecteur qui passera les yeux sur ces lignes voudra bien pardonner la trivialité de la formule ; mais être lent, c'est toujours être un peu con. Et cela ne date pas d'hier.

Platon, dans le *Charmide*, oppose la vitesse et la vivacité (qualité de l'âme et de l'intelligence) à la lenteur et au calme, qui sont des défauts de la pensée et de l'action. L'auteur du *Banquet*[1] associe la lenteur à la mesure.

1. Platon, *Le Banquet*, Flammarion, 2016.

Or, justement, on ne saurait définir la sagesse comme mesure de toute chose :

— Dis-moi, la sagesse n'est-elle
pas comprise dans l'idée de
beau ?
— Certainement.
— Et, maintenant, quel
est le plus beau chez un
maître d'école : d'écrire vite
ou avec mesure ?
— D'écrire vite.
— De lire vite ou avec lenteur ?
— Vite.
— Et ne vaut-il pas mieux
jouer avec vitesse de la lyre et
faire tous les exercices du corps
avec agilité qu'avec lenteur
et mesure ?
— Oui.

Et d'ajouter :

— Pour tous les mouvements
du corps, la beauté n'est-elle
pas dans l'agilité et la vitesse ;
et le contraire dans la lenteur,
la gêne et la mesure ?

(Platon, *Charmide*, 159b-159c,
traduction de Victor Cousin.)

La lenteur, c'est le corps empêché, la gêne et la laideur. Cette infamie corporelle se double dans l'ordre de l'esprit et de la connaissance. Mieux vaut savoir apprendre vite et facilement que lentement et avec mesure (159c). Enseigner avec promptitude et vitesse est bien plus beau et préférable. Que ce soit pour la lecture, l'écriture, l'apprentissage ou bien la musique et les exercices physiques (courir, sauter), la rapidité est toujours à privilégier. Le constat platonicien est simple, clair et sans appel :

— En toutes choses, aussi bien
pour l'âme que pour le corps,

> la beauté paraît unie à la
> rapidité et à la vitesse, plutôt
> qu'à la lenteur et à la mesure.
>
> (160b.)

La lenteur et, par association, la modération sont toujours assimilées à l'alanguissement, à la torpeur. Elle vient différer, empêcher, entraver. La vitesse – ou plus précisément la rapidité – est, quant à elle, synonyme de réalisation, d'action, de performance et de réussite.

Certainement payons-nous aujourd'hui encore cette dichotomie platonicienne bien ancrée dans les esprits et fondatrice de la civilisation occidentale. L'Orient n'est-il d'ailleurs pas, encore aujourd'hui, suspect d'indolence, si ce n'est de velléité? (Voir « Volonté, violence et déception », p. 111.)

DÉSIRS PRÉMÉDITÉS

Le premier roman écrit en français de Milan Kundera, publié en 1995, s'intitule *La Lenteur*[1]. L'auteur franco-tchèque y pose une question essentielle : *pourquoi le plaisir de la lenteur a-t-il disparu ?* Pourquoi avons-nous fait de la lenteur quelque chose de pénible, de douloureux, quand ce n'est pas d'insupportable ?

Kundera dépeint l'homme moderne comme fasciné par la vitesse, par la rapidité. Cette obsession permet avant tout de le plonger dans l'oubli de sa propre condition. L'équation est simple : « Le degré de la vitesse est directement proportionnel à l'intensité de l'oubli. » Mais il y a un corollaire : « Le

---

1. Milan Kundera, *La Lenteur*, Folio, 1995.

degré de la lenteur est directement proportionnel à l'intensité de la mémoire. »

Cette double équation définit, pour Milan Kundera, une « mathématique existentielle ».

La vitesse est une fuite, une extase, un vertige qui permet à l'homme de s'oublier. « Quand les choses se passent trop vite, personne ne peut être sûr de rien, de rien du tout même, même pas de soi-même. » Le divertissement pascalien fait place à l'étourdissement kundérien.

Le rythme débridé, la frénésie, a chassé la certitude, l'évidence de soi, comme celle du monde. L'agitation s'est substituée au plaisir de la lenteur. Cette dernière était d'ailleurs, auparavant, non pas subie ou fortuite, mais recherchée et construite, fabriquée, élaborée. Car le plaisir de la lenteur était jadis l'art de faire durer les choses.

Or cet art, qui suspend la satisfaction pour le plaisir de la durée, porte la question du désir à son plus haut point. La lenteur rejoint ici le désir, mais non plus sous le signe du manque ou du négatif.

Par le truchement d'une nouvelle de Vivant Denon[1], Milan Kundera établit un lien entre la lenteur et le désir, tel que les libertins pouvaient le concevoir. À rebours de toute précipitation, la lenteur entretient, cultive et intensifie les désirs jusqu'à leur point le plus ultime. Non seulement rien ne sert d'aller vite en la matière, mais bien plus : rien ne mérite d'aller vite puisque, comme le relève l'auteur, « la lenteur est sœur de l'extase ».

Les chemins du plaisir impliquent tours et détours, artifices et délectation. Rien de plus vil que la satisfaction rapidement volée. L'extase ne s'atteint que lentement. En ce domaine, tout est « art de prolonger le suspense, encore mieux : art de se tenir le plus longuement possible en état d'excitation ». Là encore, il s'agit de prendre le temps, et de ne plus être pris par lui. Et, même lorsque la chose doit être rapide, éprouvée entre deux portes, elle est souvent nourrie d'une longue préparation. **La lenteur sacre l'acte médité et prémédité.**

1. « Point de lendemain », publié pour la première fois anonymement en 1777.

MANQUE ET ÉVIDENCE

Être lent, c'est manquer. Manquer tout ce qu'on aurait pu faire si on avait été plus rapide. Manquer à la fois d'efficacité et d'effectuation. L'être-lent n'effectue pas. Ou du moins en donne l'impression. Il n'a rien à présenter. Aucun résultat à donner. Il n'est pas dans l'action. Il est pris dans sa propre lenteur.

L'être-lent ne remplit pas, ne coche pas toutes les cases. Il loupe et échoue, notamment à saturer son emploi du temps. Tout simplement parce que l'être-lent n'emploie pas le temps, il le déploie. La lenteur se donne dans un certain déploiement du temps, tandis que la rapidité se donne dans l'évidence de sa propre manifestation.

Il n'y a pas d'évidence de la lenteur. Quand la vitesse manifeste, révèle, fait apparaître, la lenteur, elle, masque, diffère, ajourne. C'est d'ailleurs là son manque originaire supposé.

Supposé seulement, parce que, à envisager la lenteur comme manque, on passe à côté de sa valeur propre et on s'empêche de penser sa « nature naturante ». Il faut pourtant l'affirmer : la lenteur ne manque (de) rien. Elle n'est pas manque, ne fait pas manque et elle ne fait encore moins manquer quoi que ce soit. Être lent ne fait rien manquer. Comme le désir chez Spinoza, la lenteur doit être pensée dans et par sa propre puissance, son régime intime d'existence qui se donne dans son immanence (de) lenteur. Elle doit être pensée comme telle, dans son identité de lenteur, qui ne la ramène à rien d'autre qu'elle-même.

RÉSISTANCE ET IMMANENCE DE LA LENTEUR

De quoi la lenteur est-elle le nom ? D'une force de résistance qui travaille sourdement. À quoi résiste-t-elle ? Au temps imposé, à la cadence exigée, à la vitesse attendue par les autres, et qui n'est pas celle de l'être-lent, ou jugé comme tel. Car l'être-lent va à sa propre vitesse. **La lenteur est ainsi ce mouvement convaincu de sa propre souveraineté.** Il n'a pas à aller vite pour se rassurer, pour s'apaiser. Tout simplement parce que la lenteur est dans l'immanence de son propre écoulement. C'est justement pour cela qu'elle déjoue toute attente. Nous le verrons, la lenteur est invariablement l'indice d'un temps déjoué (voir «Le labeur incertain de la lenteur», p. 115).

La lenteur n'est pas seulement une absence de vitesse. Elle est un type de force singulier, déviant, minoritaire et, dans un monde obnubilé par la rapidité, transgressif. Original aussi, tant il est commun et banal d'aller vite.

Elle peut être considérée comme une posture affirmée qui revendique sa propre puissance et son efficience intrinsèque. Non pas le résultat d'une incapacité ou d'une contrainte, mais un choix assumé, une manière propre de se déplacer dans le monde, de l'habiter, d'instaurer des rapports et des agencements, avec la certitude de la valeur intrinsèque de ce rythme.

Qu'il s'agisse de qualité d'expérience, de profondeur de la réflexion ou de richesse des relations humaines, la résistance inhérente à la lenteur repose sur la conviction que ce rythme offre quelque chose de précieux. Plus précieux en tout cas que de céder à la pression de l'accélération dans quelque domaine que ce soit.

Il y a une valeur propre à la lenteur, qui débouche sur une qualité des relations et des opérations qu'elle structure et tisse. Si elle inquiète souvent, la lenteur est, paradoxalement, un mouvement serein : souveraine, elle possède un pouvoir propre, une autorité qui ne dépend pas des instances extérieures, mais d'une légitimité interne, immanente.

La puissance de la lenteur peut alors être envisagée comme la capacité à définir ses propres règles et son propre rythme, indépendamment des diktats – sociaux ou intersubjectifs – de la vitesse. C'est une forme de résistance active, une manière de se réapproprier le temps et l'espace, en refusant de se soumettre aux exigences exogènes qui imposent ou implorent de toujours aller plus vite.

L'être-lent est celui qui ne s'inféode pas aux pressions extérieures de rapidité ou d'efficacité, mais qui suit son propre rythme et ses propres règles.

En affirmant la souveraineté de la lenteur, l'être-lent revendique le droit de prendre son temps, de savourer les instants présents et de se détacher de la course effrénée du quotidien. De ne pas performer en permanence.

Vitesse souveraine, la lenteur refuse d'être marginalisée ou perçue comme inférieure à la rapidité. Elle s'affirme comme une alternative valable, capable de produire, d'effectuer des rapports, des modes de vie, des relations, des événements qui ne peuvent être atteints par la seule vitesse rapide et qui vont déterminer de nouveaux modes de bien-être, de compréhension, de déplacement...

Ces agencements seront transgressifs et alternatifs, par le seul fait d'être lents.

Nous devons reconsidérer la lenteur non pas comme un aléa ou un défaut, mais comme une force en soi, dotée d'une légitimité et d'une puissance propres. La lenteur est une force qui travaille. Et non pas seulement une absence de vitesse.

C'est une manière de réaffirmer la valeur de l'expérience humaine face aux pressions d'un monde qui valorise l'accélération ; en revendiquant le droit de choisir un rythme qui respecte les besoins et les rythmes naturels de l'individu. La souveraineté de la lenteur est ainsi une déclaration d'indépendance, une affirmation de la dignité et de la richesse de vivre à son propre rythme.

On peut donc aussi considérer que les actes lents sont des actes de résistance. La lenteur peut être choisie comme une manière alternative d'être au monde, une façon de vivre qui nous invite à prendre du recul par rapport au rythme effréné de la vie contemporaine et à retrouver un rapport plus authentique au temps, aux autres, mais aussi et avant tout à soi. Une vie qui aurait une autre allure, dans tous les sens du terme. En ralentissant volontairement, nous créons les conditions d'une allure plus consciente et plus épanouissante. La méditation, la contemplation et la flânerie (voir chapitre « Flâner », page 155) sont autant de pratiques qui cultivent la lenteur et favorisent une attention portée au présent.

LECTEUR LENT

Si vous achetez beaucoup de livres et que, forcément, vous ne les lisez pas tous – parce que cela prend du temps, trop de temps –, ne culpabilisez pas d'être un lecteur lent (ou une lectrice lente). Je suis un lecteur lent. Je mets du temps à lire les livres. Tous. Et en particulier ceux que j'aime et qui m'alimentent. Je dirais même que plus j'apprécie un livre, plus il m'apporte quelque chose de précieux, plus je vais mettre du temps à le lire.

Je suis un lecteur lent, et j'en ai longtemps culpabilisé. Au moins parce que d'autres livres m'attendaient, demandant à être lus à leur tour. Et ce temps lent et long, passé à lire l'un d'eux, n'est-il pas autant de temps qui pourrait être accordé à un autre, si le premier était lu plus rapidement ?

Jusqu'au jour où je me suis aperçu qu'être un lecteur lent était mon rythme ou, plus précisément, que chaque livre me pliait à son rythme. Il ne faut pas craindre du temps long de la lecture. Nous ne sommes plus aujourd'hui dans une civilisation faite pour le temps de la lecture. Lire prend du temps. Et doublement, quand on lit lentement. Lire, c'est déjà résister à la vitesse que l'on nous impose. Il faut savoir savourer cette résistance du temps de la lecture, qui fait pleinement partie du plaisir de lire.

Cette lenteur-là a une explication, une justification, une impérieuse raison. Comment peut-on seulement lire rapidement ? De deux choses l'une : soit l'ouvrage sous vos yeux est pénible à lire, incompréhensible ou assommant, et vous ne pouvez que cheminer laborieusement, à pages comptées, à travers ces lignes rébarbatives qui vous fatiguent les yeux et l'esprit. Pourquoi, alors, continuer ? Soit, dans le cas contraire, les mots vous habitent, vous bouleversent et viennent changer votre façon de voir, d'envisager, de percevoir les choses ; les phrases se déroulent sous vos yeux en ouvrant un monde que vous ne soupçonniez pas. Comment et pourquoi progresser rapidement ?

Si j'ai toujours lu bien plus lentement les auteurs que j'aimais, c'est tout simplement parce que quelques lignes ou paragraphes suffisent à me saturer. Lire rapidement, c'est désaturer l'événement de la connaissance.

Combien de fois – à passer les yeux sur les mots de Gilles Deleuze, d'Henry Miller ; sur les poèmes d'Henri Michaux, de Fernando Pessoa ; ou sur les textes de Walter Benjamin ou de Michel Foucault – me suis-je senti « plein », rassasié, contenté, assouvi, parfois au bout de quelques lignes ou d'une formule seule, venue me frapper et me stopper net.

Cet arrêt, fulgurant et soudain, vient paradoxalement sceller la lenteur du lecteur. Quand quelques lignes efficaces suffisent à saturer l'espace mental, la lecture se fait lente, voire lenteur.

La lecture lente n'est pas celle du dilettante ni même du feignant. Elle n'a rien de paresseux. Bien au contraire, elle est le sceau du travail sourd des mots, le gage des fulgurances qui atomisent le cours quiet et serein de la pensée. Elle est la marque du suspens, de l'*épochè* (nous en reparlerons), car elle déchire le voile tranquille des représentations, des idées que l'on se fait des choses.

« Fendre les mots, fendre les choses », intimait Gilles Deleuze. Les phrases lues ouvrent une béance qu'il faut récupérer, s'approprier, habiter ; et cela prend du temps. Là est le lecteur lent. On reste alors interloqué, au sens propre : en attente entre deux locutions. La lenteur est à la fois condition et effet du surgissement de sa propre pensée, par-delà les évidences toutes faites.

Il peut y avoir une forme de gourmandise ou de délectation, se traduisant par de l'empressement à finir un livre. L'envie d'atteindre rapidement la fin, de connaître le dénouement d'un polar, par exemple. Le fameux effet « *page turner* » – argument de vente qui vous fait croire que la qualité d'un livre est fonction de la rapidité avec laquelle on le lit. « Vous verrez, vous ne vous ennuierez pas, vous l'aurez fini rapidement ! » Bien évidemment, la qualité de la lecture n'est pas corrélée à sa vitesse.

Il faut se souvenir du conseil (et s'y remettre) que le grand Flaubert dispensa à Mlle Leroyer de Chantepie : « Lisez Montaigne, lisez-le lentement. » Et d'ajouter : « Et quand vous aurez fini, recommencez. »

LES ÂMES IMPATIENTES

Il n'est pas tout à fait fortuit que Flaubert conseilla de lire Montaigne lentement. L'auteur des *Essais*[1] s'est fait le chantre d'un art de vivre qui bannit toute précipitation, comme toute brusquerie. L'impatience est même pointée comme la source de troubles et d'erreurs incapables de garantir quelque savoir, et moins encore la sérénité. « Les âmes impatientes des conseils sont inapplicables à l'étude de la vérité », constate Montaigne (II, 17).

Ceux qui ne sont pas aptes à attendre, ou pas disposés à écouter les conseils, ne sont pas prêts à s'engager dans une véritable recherche de la vérité. L'empressement et la frénésie sont parents de l'erreur et de la fausseté.

1. Michel de Montaigne, *Les Essais*, Bouquins, 2019.

Et une certaine forme de sagesse ne peut s'atteindre qu'au prix d'un temps qui fait place à la réflexion et à la contemplation. Il va de soi qu'on ne contemple pas rapidement.

La vérité – ou, du moins, la sagesse – est un processus lent, quasi digestif. L'impatience est l'ennemie de la réflexion profonde. Les réponses rapides et les solutions toutes faites, les raccourcis ne mènent à rien de solide et durable.

L'étude de la vérité est un cheminement personnel, qui exige une ouverture d'esprit, un doute méthodique et une remise en question constante de ses propres certitudes ; mais elle demande aussi du temps, de la patience et une exploration minutieuse. Montaigne avait fait graver des maximes sur les poutres de sa « librairie » (sa bibliothèque). Ces sentences étaient comme des pense-bêtes issus de la Bible, d'Euripide et de Sophocle, mais aussi de Lucrèce ou de Platon. Parmi elles, sur une des deux poutres maîtresses portant huit citations de Sextus Empiricus : «*Epekhô*» («Je suspends»).

SUSPENDRE

Epekhô, je suspends. Suspendre, arrêter, interrompre. Ralentir, donc. Mais que s'agit-il de mettre entre parenthèses ? Le jugement.

L'idée n'est pas neuve. En philosophie, le terme *épochè* désigne la suspension du jugement, des représentations. Une sorte de mise sur pause mentale. Le concept d'*épochè* remonte aux stoïciens et deviendra la pierre angulaire de l'argumentation sceptique. Il s'agit de s'abstenir de toute assertion précipitée, afin de ne pas être pris par la vitesse des jugements hâtifs.

Au début du IIIe siècle après Jésus-Christ, Sextus Empiricus théorise clairement cette mise en suspens, à commencer par sa motivation : « Le sceptique commençant à philosopher, et voulant discerner les différentes perceptions qu'il avait des objets, et connaître celles qui étaient vraies et celles qui étaient fausses, pour s'exempter par là d'inquiétude, si cela était possible, ayant rencontré des raisons contraires de pareille force [...] et ne pouvant juger de quel côté était la vérité, il suspendit son jugement[1]. »

Suspendre le jugement permet de faire le tri dans le divers de la perception, afin de tenter de s'y retrouver. Il faut, pour s'exempter d'inquiétude, dit Sextus Empiricus, interrompre la machine à opiner, à avoir un avis, que viennent nourrir les impressions immédiates, rapides, trop rapides.

Pour quoi ? À quelle fin ? À quoi sert de ralentir, d'injecter de la lenteur par le truchement de la suspension ? Pour rien de moins que d'atteindre l'absence de trouble, l'ataraxie, la sérénité. « Le scepticisme est une faculté ou une méthode d'examiner,

1. Claude HUART, *Les Hypotyposes ou institutions pyrrhoniennes de Sextus Empiricus*, I, 12, Amsterdam, 1725.

qui compare et qui oppose en toutes les manières possibles, les choses apparentes, ou sensibles, et celles qui s'aperçoivent par l'entendement; par le moyen de cette faculté, nous parvenons [...] premièrement à l'*épochè*, où à la suppression de l'esprit, et ensuite à l'ataraxie, c'est-à-dire l'exemption de trouble, ou la tranquillité de l'âme[1].»

Cette mise entre parenthèses – qui diffère le jugement en le sortant de l'immédiateté du ressenti et ralentit l'impression – est garante du chemin menant à la sérénité. **La lenteur comme transcendantale[2] de la tranquillité de l'âme, condition *a priori* du bonheur!** La chose est suffisamment importante et claire pour que le sceptique Sextus Empiricus insiste: «Ne pouvant juger de quel côté était la vérité, il [le sceptique] suspendit son jugement; et alors l'ataraxie, ou l'exemption de trouble, fut une suite heureuse[3].»

1. *Ibid.*, I, 4.
2. «Condition de possibilité *a priori*».
3. *Ibid.*, I, 12.

La sérénité ne peut s'atteindre dans la vitesse. Notamment celle du jugement.

Au début du XXe siècle, Edmund Husserl reprendra la méthode pour fonder la phénoménologie, en parlant de « réduction eidétique » ; celle-ci consistant à suspendre l'approche naturelle du monde, en faisant abstraction de l'existence des choses, pour en permettre une description neutre, par-delà la perception, et mettre en évidence leurs essences.

Cette suspension philosophique du jugement nous rappelle que toute réflexion sur le monde requiert un peu de temps, sinon de la lenteur. On ne pense jamais bien, rapidement. L'*épochè* diffère, ajourne en injectant de la lenteur dans la pensée. La mise en suspens résiste à la tentation de réagir trop promptement. Elle enjoint de prendre le temps de comprendre et d'analyser les choses, de s'en imprégner de façon « neutre ».

Cette interruption a quelque chose à voir avec la contemplation. La mise entre parenthèses de toute proposition sur le monde donne à voir, à entendre. Elle incite à regarder, à observer, pour comprendre ce qui se donne, ce qui surgit. Et cela prend du temps !

Répétons-le : on ne pense pas dans la précipitation. Ou alors on pense mal. Le penseur est toujours un peu lent. Mais il *doit* l'être ! Et la pensée est toujours un peu en retard sur le monde, sur la réalité. Elle ne vient qu'« après coup ». Elle est toujours seconde ; et c'est pour cette raison qu'elle semble si souvent être à la traîne du réel. Mais c'est justement le prix de sa justesse et de sa pertinence.

La lenteur de la pensée est garantie de son travail. Penser, c'est déjà ralentir, ne pas choisir l'accélération et y résister. Même quand le penseur est traversé par des fulgurances, celles-ci sont, en réalité, le produit de forces lentes.

ALLER VITE

Nous baignons dans un monde où tout doit aller très vite. Nous avons perdu l'habitude de prendre notre temps sur des choses qui pourraient nous faire du bien si elles étaient plus lentes. On nous enjoint à aller vite, à consommer vite, à manger vite, à nous déplacer vite, à travailler vite. À baiser vite aussi.

Il faut se dépêcher en permanence. Nous sommes pressés.

Mais pressés par qui ? Par quoi ? Quelle est cette injonction ?

Nous sommes pressés de répondre sans attendre à toutes sortes d'attentes (voir « L'attente », p. 131), de sollicitations, de questions... Soyons justes et honnêtes : nous sommes pressés et nous pressons.

Nous pressons les autres comme ils nous pressent. Comme si les choses devaient s'effectuer sans délai, sans plus attendre, immédiatement. Cette pression, nous en sommes les victimes quotidiennes autant que les complices journaliers. Nous la subissons comme nous la relayons.

Cette pression est le symptôme duplice de l'abolition ou du déni du travail du temps comme temps du travail, au sens quasi psychanalytique du terme. Déni du travail du temps, la temporalité est anéantie dans la rapidité attendue de l'exécution, de la résolution, du dénouement. Déni du temps du travail : le travail de l'effectuation n'a plus lieu d'être, ou du moins ne possède aucune valeur propre, car le résultat doit être immédiat ou à tout le moins rapide. Le travail (la conception, la gestation, l'effectuation) n'a plus le temps, car ne lui sont plus accordées l'attente et l'attention nécessaires à sa propre besogne.

Être pressé, c'est nécessairement être sous pression – celle de l'exigence de ne pas avoir le temps et, partant, d'être pris par le temps ; d'être ravi par lui. Si vous ne prenez pas le temps, le temps vous prendra dans sa propre abolition.

LE TEMPS D'UN CIGARE

La lente disparition des fumeurs de cigare, notamment dans les espaces publics, n'a pas seulement à voir avec la pollution olfactive que certains ont pu dénoncer, encore moins avec la toxicité des volutes du barreau de chaise. À ce compte, il faudrait interdire les automobiles pour leurs pollutions sonores et d'échappement, comme les avions ou les téléphones portables et bien d'autres produits de consommation courante.

Si le cigare est en voie de disparition, c'est qu'il est lent à fumer. On ne fume pas rapidement un havane. C'est même deux fois impossible : techniquement et mentalement. Il y aurait immédiatement quelque chose de grotesque et d'incompréhensible à tenter de le faire. Le cigare disparaît parce qu'il requiert justement de la lenteur. Il la convoque, même. Le cigare nécessite un temps long et une allure lente. Il vous plie à son rythme, celui de sa combustion. On ne fume pas un cigare entre deux portes.

Une cigarette se fume sur l'instant, nerveusement, la plupart du temps en attendant quelque chose. On fume même une cigarette pour oublier qu'on attend (voir « L'attente », p. 131). La cigarette n'est jamais fumée pour elle-même ; en philosophie, on dirait qu'elle n'est pas une fin en soi. Son temps moyen de consommation, ou de consumation, est de six minutes. Même un cigarillo ne se consomme pas en un si petit laps de temps. Alors, que dire d'un Churchill ?

Il ne viendrait pas à l'esprit d'un amateur de havane de fumer rapidement. Pourquoi ? Parce que le fumeur de cigare n'attend rien. Rien d'autre que le temps accordé au plaisir de fumer.

FRÉNÉSIE DE L'INFORMATION

S'il est bien un domaine où la folie de la vitesse peut se ressentir avec la plus forte acuité, comme avec la plus grande dangerosité, c'est bien celui des médias et de l'information. Une « information » en chasse une autre de plus en plus rapidement, à tel point que l'on peut se demander s'il s'agit encore d'informer – c'est-à-dire de communiquer un contenu qui puisse donner quelque chose à comprendre.

Nous sommes submergés par un flux toujours plus rapide, de nouvelles toujours plus brèves et concises, immédiatement accessibles et consommables.

Réseaux sociaux, médias en ligne, chaînes d'info en continu, notifications de toutes sortes, ces *news* nous parviennent en temps réel, de toutes parts et sous toutes les formes. Cette profusion est souvent exacerbée par la rapidité avec laquelle les nouvelles circulent, créant une atmosphère d'urgence et une pression constante à devoir être informé. Les actualités sont en permanence actualisées.

Le paysage médiatique actuel est dominé par cette rapidité, souvent frénétique, de diffusion de l'information. Pour attirer le plus grand nombre d'auditeurs, de téléspectateurs ou de «*viewers*», les médias se livrent une guerre sans merci: celle de la rapidité, souvent au détriment de la justesse.

Les chaînes d'information continue réagissent en «direct live», commentant immédiatement le moindre fait – qu'il soit politique, policier, divers ou *people*... – multipliant les titres accrocheurs et les contenus sensationnalistes, ainsi que les commentaires à chaud d'experts patentés et les débats d'intervenants spécialistes en tout genre.

Confessons-le, l'auteur de ces lignes a pu participer à ce que d'aucuns considèrent comme une mascarade : celle de l'information devenue son propre spectacle et s'annihilant dans ce show permanent de sa frénésie, marqué par une surabondance de données et une consommation incessante de contenus.

Face à ce phénomène contemporain de la frénésie de l'information, il est légitime de se demander si les chaînes d'info n'auraient pas besoin d'un peu de lenteur. Car informer doit avant tout permettre d'analyser, de décrypter et, in fine, de comprendre un fait ou un phénomène. Or cela requiert un peu de temps, de précaution… et, partant, de lenteur.

On l'oublie trop souvent, mais l'information n'est pas une donnée naturelle. Elle ne pousse pas sur les arbres ni ne se trouve sous les sabots d'un cheval. L'information est une production. Elle est produite. Ce qui ne veut pas nécessairement dire qu'elle doit justement se réduire à devenir un produit de consommation rapide. Le *fast-news* est à l'information ce que le fast-food est à la gastronomie : un ersatz de piètre qualité, sans saveur et sans valeur, aussi vite oublié qu'il est digéré.

Pour devenir une information, un fait doit être clairement identifié, puis décrit et vérifié par un nombre minimal de sources. Le fait établi doit encore être analysé, commenté, interprété, pour devenir une « information » qui va donner à comprendre quelque chose du monde dans lequel nous vivons. La question n'est pas ici de trancher sur la neutralité et l'objectivité de cette information ; mais celle des conditions de sa production, notamment en termes de temps.

Avec l'émergence d'une fatigue informationnelle, l'une des caractéristiques de cette frénésie est la tendance à la superficialité. La vitesse à laquelle les informations sont diffusées incite souvent à des lectures rapides et à des analyses sommaires et peut mener à une compréhension fragmentaire et parfois erronée, quand ce n'est pas falsifiée, des événements ; renforçant, entre autres, le phénomène des *fake news*. Mais, surtout, cette vitesse de diffusion (une info chasse l'autre, de plus en plus vite) pèse énormément sur le rythme de production de l'information. Pourquoi prendre le temps de produire une information de qualité, quand celle-ci sera de toute façon chassée des écrans peu de temps après sa diffusion ? La fabrique lente d'une information « sérieuse », fiable, documentée et étayée n'est plus rentable et est donc condamnée. En atteste la difficulté à survivre des médias d'investigation et d'enquête (quels que soient les supports).

Le besoin constant de mises à jour et de nouvelles informations devient une habitude compulsive, quasi névrotique. Cette frénésie de l'information toujours plus rapide s'alimente au clash, à la polémique, au sensationnel et à l'absence de nuance, qui pourrait venir affadir ce que l'on pourrait appeler « le nouveau spectacle informationnel ». Car la frénésie transforme inéluctablement l'information en spectacle.

Pour faire face et lutter, il serait nécessaire de développer la pensée critique, de reconnaître les biais d'analyse, de prendre le temps de la réflexion et de la modération face aux simplifications outrancières, de privilégier la compréhension à la conviction. Et, surtout, d'injecter de la lenteur, car **la lenteur n'est pas spectaculaire. Elle est même résistance au spectacle.**

PRENDRE LA PAROLE, PRENDRE LE TEMPS. LENTEUR ET ÉLOQUENCE

Prendre la parole en public peut être source de stress, voire d'angoisse, pour celui ou celle qui n'en a pas l'habitude. La peur du jugement, du regard des autres, mais aussi celle de dire une « bêtise » ou de bafouiller, de perdre le fil de sa pensée alimentent souvent cette appréhension qui peut véritablement être paralysante.

Souvent, face au stress de l'auditoire, la tentation réflexe est d'accélérer le débit… au risque de se prendre rapidement les pieds dans le tapis de son propre discours. Plus je parlerai vite, plus vite j'en aurai fini. Seulement voilà, c'est bien là la meilleure façon de ne pas être compris, de trébucher et d'aller tout droit vers ce que l'on cherche à éviter.

Un peu de lenteur peut alors être salutaire.

Un des premiers conseils que l'on peut adresser à l'orateur attendu est celui de « parler lentement », ou du moins de « parler plus lentement », puisqu'il ne s'agit pas non plus d'ânonner en mode ralenti. Il faut prendre le temps de sa propre parole, imposer son tempo, ne pas accélérer le débit. Poser sa voix et la parole. Et, pour cela, ménager des temps de silence. La lenteur fait bon ménage avec le silence.

Parler lentement est une technique permettant d'améliorer considérablement une prise de parole en public. En posant la voix, un peu de lenteur donnera rapidement l'impression d'une certaine forme d'assurance. La maîtrise du propos semble garantie par un débit posé ; quand l'empressement donne, lui, le sentiment d'être brouillon, désordonné, imprécis.

Retrouver un peu de lenteur permettra donc à celui qui doit prendre la parole d'être plus compréhensible et, par là même, plus persuasif. La lenteur est donc ici gage de confiance et de crédibilité !

Mais surtout, par-delà la technique purement oratoire, pourquoi parler vite quand on peut parler plus lentement ? Par peur, bien sûr ! Cette peur qui nous fait accélérer. Retrouver un peu de lenteur sera aussi l'occasion de faire disparaître cette peur, en trouvant du plaisir à parler. Car, là aussi, il s'agit de savourer ; et pas n'importe quoi : sa propre parole.

PRESSÉ DE RÉPONDRE

Être pressé, c'est nécessairement être oppressé – au sens physique comme au sens psychique du terme. Avoir du mal à respirer, à trouver la respiration de sa propre réponse, puisque, comme nous venons de le dire, on est toujours, in fine, pressé de répondre ; c'est-à-dire d'être responsable : répondre de soi, de ses actes, de sa parole, de ses engagements, de ses contradictions et des attentes que les autres ont formées pour vous.

Et non seulement il faut répondre (au téléphone, aux SMS, aux mails, à toutes sortes de messages…), mais il faut le faire sans attendre (car l'autre attend !), sans souffler, sans délai, sans réfléchir.

Face à la tyrannie de l'injonction, la lenteur diffère toute réponse et peut, de ce fait, être interprétée comme une fuite. Un double manque, là encore – de répondant comme de responsabilité –, stigmatise cette lenteur. Qu'il s'agisse de travail, d'amour, de famille ou d'argent, cette dernière sera inévitablement perçue comme un évitement délibéré, quand ce n'est pas comme un manque d'intérêt ou d'investissement pour la question en jeu.

Il n'y a plus personne pour faire face. L'être-lent n'existe pas, n'est pas présent. Il est forcément démissionnaire, velléitaire. Être lent, c'est forcément être mou, hésitant, indécis. Ne pas savoir ce que l'on veut.

LE SILENCE DE LA DURÉE

Il y a bien quelque chose de profondément irresponsable et libérateur dans la lenteur. Irresponsable, parce qu'elle supprime la réponse immédiate attendue ; elle diffère l'obéissance à l'injonction ; elle suspend la négation du travail du temps, pour la réhabiliter et la revendiquer même. Libérateur, parce que la lenteur donne de l'air, de l'oxygène. D'être oppressé à être opprimé, il n'y a qu'un pas. **Être fidèle à sa lenteur, c'est ne pas obéir à la rapidité des autres.**

La lenteur ne se soumet pas – à la vitesse, à l'attente, à la volonté (voir « Volonté, violence et déception », p. 111). Quelque chose en elle résiste et cherche à s'affranchir de la tyrannie de l'injonction (quelle qu'elle soit) et du temps imposé. Elle est ce qui n'a pas encore parlé, pas encore répondu.

Pour le dire autrement : la lenteur est le prodrome de ce qui est en puissance. Elle présage de ce qui pourrait arriver, sans en délivrer la teneur : cette puissance qui travaille, qui opère, sans rien proposer encore, sans rien dire. « Les forces de répression n'empêchent pas les gens de s'exprimer, elles forcent au contraire à s'exprimer. Douceur de n'avoir rien à dire, puisque c'est la condition pour que se forme quelque chose de rare ou de raréfié qui mériterait un peu d'être dit », constatait Gilles Deleuze dans *Pourparlers*[1].

Contrairement à ce que l'on peut penser hâtivement (mais pense-t-on « hâtivement » ?), la lenteur ne s'oppose pas tant à la rapidité qu'au bruit. Elle a fortement trait au silence. Si l'on ne craignait de poétiser à peu de frais, on pourrait dire que **la lenteur est le silence de la durée**.

1. Gilles Deleuze, *Pourparlers : 1972-1990*, Les Éditions de Minuit, 2003.

Elle résiste au pouvoir qui cherche à s'exercer, grosse de sa puissance qui s'évertue à différer, à faire traîner. Est lent ce qui est en gestation ; tout ce qui met du temps – à mourir comme à naître, à advenir comme à disparaître. C'est-à-dire tout ce qui met le temps à l'œuvre. **La lenteur, c'est le souvenir de ce qui n'est pas encore arrivé, l'advenir de ce qui n'a pas encore eu lieu.** Elle travaille dans l'épaisseur de la durée.

GRATITUDE

« Merci d'avoir été lent. » Qui a jamais entendu ce compliment ? On ne remercie pas quelqu'un pour sa lenteur.

Et pourtant, celui qui a été lent est aussi celui qui a su prendre le temps, qui ne vous a pas expédié avec rapidité ; celui qui a su suspendre sa précipitation et dominer son empressement pour vous accorder de l'attention. Certes, on entend parfois : « Merci d'avoir pris le temps », mais ce n'est pas tout à fait la même chose que de remercier une lenteur.

Merci d'avoir été lent à me répondre, pour m'avoir écouté, mais aussi pour ne pas avoir cédé à la réponse toute faite, pré-pensée. Merci d'avoir été lent à me lire, pour avoir fait place à ma pensée. Merci d'avoir été lent à me juger, à m'envisager, et de ne pas m'avoir sacrifié à l'immédiateté de l'intuition – qui n'est, la plupart du temps, qu'une paresse bien rapide. Merci d'avoir été lent à me désaimer et d'avoir pris le temps de m'aimer, de m'apprécier. Merci d'avoir été lent à manger le repas que je t'ai préparé, d'avoir savouré et non bâfré comme un goret.

Merci d'avoir été lent et d'avoir déjoué mon empressement et défié mon impatience.

Il est curieux et symptomatique que cette reconnaissance n'advienne jamais. Ultime paradoxe : la reconnaissance de la lenteur est lente à advenir, tant nous sommes prisonniers de l'empire de la célérité et de l'emprise de l'accéléré. On ne sait plus reconnaître les bienfaits de la lenteur, et encore moins en profiter.

Et pourtant, nombre de choses ne se font pas correctement sans délai, sans durée, sans patience. On oublie que la **minutie** requiert une certaine lenteur. La rapidité n'est pas nécessairement un gage de perfection. Non pas que la lenteur soit une vertu. Elle est simplement parfois nécessaire, indispensable, salvatrice.

AVEC MINUTIE

Si les choses se font lentement, c'est qu'elles nécessitent parfois de la minutie et de la méticulosité ; ces deux qualités s'accommodant assez mal de la rapidité.

Emprunté au latin d'époque impériale, *minutia* « petite parcelle, poussière », lui-même dérivé de *minutus* « petit, menu », participe passé adjectivé de *minuo* « diminuer, rendre plus petit », le mot « minutie » qualifie une attitude ou une qualité qui consiste à accorder une attention méticuleuse aux détails. Être minutieux, c'est être précis, soigneux et attentif : ne rien laisser au hasard, prendre soin de chaque détail, remarquer les nuances.

Garante de résultat précis et de haute qualité, la minutie est indispensable dans de nombreux domaines très divers : l'horlogerie et la haute joaillerie, l'artisanat d'art, la peinture et la restauration d'art, la haute couture, la gastronomie ; mais aussi la mécanique de précision, la chirurgie, la recherche scientifique, la comptabilité ; et peut-être même la pensée philosophique, que l'on accuse souvent d'être imprécise et fumeuse.

Autant d'occupations nécessitant du temps et une absence de précipitation. Demanderait-on à un chirurgien d'opérer rapidement, non pas dans le délai à attendre l'opération, mais dans l'exécution même de cette dernière (nous ne parlons pas ici du délai préopératoire, mais de l'exécution même de l'opération) ? Que penserait-on d'un praticien arrivant au bloc avec ces mots : « Allez, j'ai dix minutes, pas plus » ?

De fait, la minutie sera indéfectiblement associée à une certaine forme de lenteur, toute positive pour le coup : être minutieux peut – et doit, même – nécessiter plus de temps pour s'assurer que chaque aspect d'une tâche est correctement et soigneusement exécuté. Cette attention soutenue et approfondie peut naturellement ralentir le rythme de travail par rapport à une approche plus superficielle.

Cette rigueur souligne l'importance de la qualité et du soin dans l'accomplissement des tâches. Elle enjoint d'accorder plus de temps à la réflexion, à la vérification et à la finition, qui sont essentielles pour un travail de qualité, sinon d'excellence.

Prendre le temps de vérifier, d'éviter les erreurs et d'assurer une qualité maximale est nécessairement plus long. Une lenteur peut donc aussi souligner et valoriser le temps investi dans la précision et la méticulosité d'un acte ou d'une tâche et se mesurer à l'aune de l'attention qui lui a été portée. **Être lent, c'est aussi ne pas bâcler.** La lenteur, comme le diable, se loge dans les détails.

VERTUS DE LA LENTEUR

Si la lenteur a toujours été définie sous le double opprobre du manque et du négatif, il ne s'agit pas pour autant de la définir « positivement », de la réhabiliter à la faveur d'un coup de balancier dialectique. L'erreur serait de faire de la lenteur une vertu *a priori*, en prenant le contre-pied du temps présent, pour produire un éloge de la lenteur.

« Ah, comme la rapidité est mauvaise, comme la lenteur est bonne ! Regardez ce paradis indolent que nous avons abandonné en perdant le sens de la lenteur ! » Le propos, s'il est tentant, n'en serait pas moins tellement attendu et entendu qu'il serait forcément décevant. Et paresseux. Il nous faudra éviter cette facilité. Non seulement parce que c'en est une, mais aussi et surtout parce que la lenteur n'est ni bonne ni mauvaise en soi.

S'il y a bien une folie de la rapidité et de l'agitation, une démence de l'empressement et de la précipitation, y a-t-il pour autant une sagesse de la lenteur ? Cette dernière est-elle dépositaire d'un savoir-vivre ou d'un savoir-être pouvant nous permettre de retrouver les conditions d'un bonheur perdu ? Suivez la lenteur, et vous serez heureux !

Ce serait là assigner un contenu à la lenteur, faire de celle-ci le réceptacle *a priori* d'un certain nombre de valeurs. La lenteur serait alors promesse de bien-être et de sérénité, de créativité, de pleine conscience, de réflexion et de profondeur, de retour à un biorythme et à des modes de vie plus durables. Elle serait une solution à tous nos désarrois, une manière de vivre qui enrichirait nos expériences et nous connecterait davantage à notre environnement et à nous-mêmes – quasiment une panacée.

Il serait facile de parer la lenteur de toutes les qualités, d'en faire la source de nombreuses valeurs positives, offrant une alternative salutaire au dogme de la rapidité. Nous ne céderons pas à cette facilité. Pour au moins trois raisons.

La première tient au fait que la lenteur, nous le verrons, bannit justement toute facilité. Elle est même la marque de son absence.

La deuxième raison est qu'assigner des qualités ou des contenus à la lenteur est la meilleure façon de passer à côté de la pensée de son immanence propre. Or c'est là un de nos premiers objectifs.

Enfin, la troisième raison est que cet évangélisme de la lenteur a déjà été fait.

ÉVANGÉLISME

Qui a encore le sens de la lenteur? À vouloir considérer la lenteur pour elle-même, on risque vite de faire de cette dernière une valeur évangélique. Ce serait là une manière de prêcher ou de promouvoir activement les valeurs et les bienfaits de la lenteur, dans un monde dominé par la rapidité et l'accélération toujours croissante, pour tenter de convaincre les individus de l'importance de ralentir et d'adopter un rythme de vie plus mesuré, plus réfléchi. Soit.

Les plus zélés diront que la lenteur est une invitation à revaloriser le temps long, à redonner du sens à nos actions, à prendre soin de notre environnement et de nos relations et à résister aux pressions d'une société qui valorise l'empressement, au détriment de l'humain.

Les plus exaltés ajouteront que la lenteur nous incite à repenser nos priorités et à construire une vie plus équilibrée, plus consciente et plus respectueuse de nos rythmes naturels. Cet évangélisme de la lenteur serait ainsi une invitation à réévaluer les priorités de la vie moderne, en prônant un retour à un rythme plus humain et plus respectueux de notre bien-être et de notre environnement.

La lenteur serait alors vue comme une manière de se reconnecter à soi-même, aux autres et au monde naturel. En ralentissant, on ouvre un espace pour la réflexion, pour la spiritualité et pour une vie plus harmonieuse. La lenteur serait la voie pour mieux vivre, mieux comprendre et mieux apprécier chaque moment de la vie.

Ce serait là élever la lenteur à une forme d'idéal, en la parant de toutes les qualités. La lenteur permet de réduire le stress et l'anxiété, d'avoir une plus grande réceptivité aux autres et à notre environnement, de développer notre intuition et de prendre de bonnes décisions, de privilégier la qualité plutôt que la quantité, de surmonter les obstacles avec sérénité, de redonner du sens.

Il ne reste plus alors qu'à inventer les « pilules de lenteur ».

Tomber dans une forme d'évangélisme de la lenteur, c'est immédiatement risquer d'en faire une valeur marchande ou, au mieux, la promesse d'une révolution annoncée et d'un avenir radieux. Diantre ! Refusons ici l'un comme l'autre. **La lenteur ne promet rien.** Elle n'est pas plus une recette de développement personnel qu'un projet de société. Elle permet tout au plus (et c'est déjà beaucoup, quand on y parvient) de s'affranchir d'un certain nombre de tyrannies imposées, quand on arrive à identifier, à assumer et à revendiquer sa propre lenteur. D'une certaine façon, **on est toujours lent malgré soi.** Et chercher à être lent est déjà une imposture. Contentons-nous de ne pas contrarier nos lenteurs et de les respecter. Ne faisons pas le lent pour autant. Il n'y a pas de « devenir lent ». Peut-être est-ce cela, avoir le sens de la lenteur.

RALENTIR : ÉLOGE DE LA LENTEUR ET *SLOW LIFE*

Faut-il faire l'éloge de la lenteur ? Porter la lenteur en modèle ? En faire une morale ou une hygiène de vie ?

Nous avons prévenu, ce n'est pas notre perspective. Bien que la lenteur ait été historiquement associée au manque et au négatif, il n'est pas question de la redéfinir « positivement » ou de la réhabiliter par une simple opposition dialectique. Ce serait une erreur de considérer la lenteur comme une vertu intrinsèque, dans le but de la magnifier. La lenteur n'est pas plus magnifique qu'elle n'est détestable.

Par ailleurs, cet éloge de la lenteur a déjà été fait, notamment par Carl Honoré, dans un livre éponyme : *Éloge de la lenteur*[1]. Publié en anglais en 2004, le livre de l'écrivain et journaliste canadien est vite devenu un best-seller. « Et si un bon usage de la lenteur pouvait rendre nos existences plus riches ? », questionne l'ouvrage. Carl Honoré y souligne les méfaits de notre culture de la vitesse et propose une alternative : la lenteur délibérée. Il développe une théorie du ralentissement, invitant le lecteur à questionner les fondements mêmes de notre société accélérée.

Honoré promeut les bienfaits d'une approche plus lente et plus méditative, tant sur le plan personnel que sur le plan collectif ; avant d'explorer comment cette approche peut améliorer notre qualité de vie, en renforçant notre bien-être, nos relations et notre efficacité. Et d'inviter chacun à adopter un rythme de vie plus lent et plus conscient. Selon lui, cette philosophie peut nous aider à

1. Carl Honoré, *Éloge de la lenteur : clé d'une existence épanouie*, Marabout, 2019.

mieux nous connaître, à apprécier les petits bonheurs de la vie et à vivre de manière plus épanouie. Le Canadien pense pouvoir redéfinir nos notions de productivité et de succès, en intégrant la lenteur comme un élément essentiel de notre bien-être global.

Carl Honoré deviendra un ambassadeur du *mouvement Slow*, qui prône un rythme plus mesuré et conscient, axé sur la qualité plutôt que sur la quantité. Le mouvement a débuté dans les années 1980 avec le Slow Food, lancé en Italie par Carlo Petrini, en réaction à l'ouverture d'un restaurant McDonald's près de la piazza di Spagna à Rome.

Au fil des années, le mouvement s'est transformé en une contre-culture touchant d'autres domaines, tels que l'urbanisme et la mode. Il invite à ralentir le rythme de vie dans tous les domaines. La *slow fashion* encourage à consommer moins de vêtements, à privilégier la qualité à la quantité et à acheter des vêtements durables et fabriqués dans des conditions éthiques. Le *slow travel* invite à voyager plus lentement, à découvrir les destinations de manière authentique, en rupture avec le tourisme de masse. Le concept global de *slow living* intègre toutes les dimensions du travail aux loisirs en passant par la finance ou même la parentalité, avec le *slow parenting* (ou « parentalité lente »), qui est une approche de l'éducation prônant également le ralentissement dans la vie de famille, notamment en mettant l'accent sur la qualité du temps passé avec les enfants plutôt que sur la quantité d'activités programmées, en limitant le nombre d'activités parascolaires et d'engagements sociaux, afin de leur permettre de disposer de plus de temps libre.

Ralentir, certes. Alors, comme l'écrit si justement Henri Michaux : « Ralentie, on tâte le pouls des choses ; on y ronfle ; on a tout le temps ; tranquillement, toute la vie[1]. »

1. Extrait d'un poème d'Henri Michaux, intitulé « La ralentie ».

ADAGIO

En musique, l'*adagio* est un morceau instrumental interprété dans un mouvement lent. Il se situe entre le *lento* et l'*andante*. La mélodie doit être jouée à un rythme relativement lent, mesuré. Le terme est une indication de temps. Il provient de l'expression italienne *ad agio*, « à l'aise ». L'adagio est un tempo détendu. Il transmet généralement un sentiment de calme, de sérénité. « Être » adagio, c'est être posé, dans le tempo qui prend son temps et invite à la réflexion ou à la rêverie, quand ce n'est pas à la contemplation.

Sur les graduations d'un métronome, il semble que l'on s'accorde à situer l'adagio entre 56 et 76 battements par minute. Soit celle d'un cœur en bonne santé, avec une fréquence normale. À croire que la lenteur a du cœur.

L'expérience émotionnelle éprouvée à l'écoute d'un adagio dépend bien évidemment de chaque auditeur et de la façon, intime, dont il va percevoir et apprécier la musique. Mais les adagios paraissent propices à une certaine solennité, quand ils ne sont pas une invite à la mélancolie, avec leurs tempi lents.

Il est notable, et peut-être symptomatique, que ce tempo posé soit la mesure de notre bien-être. Cette lenteur relative se confond avec la fréquence de notre agrément, celle-là même qui atteste que nous sommes « à l'aise ».

Notre cœur bat adagio. La musique nous rappelle ici ce dont une certaine lenteur, assurée d'elle-même, peut être gardienne. Elle est sans doute le dernier refuge d'une lenteur qui peut encore être appréciée comme telle, pour elle-même et pour les sentiments agréables qu'elle peut susciter. À l'aise, posément, sans forçage, l'adagio, c'est le plaisir retrouvé d'un temps qui va de soi, par lui-même, sans être contraint par une quelconque intention, volonté ou finalité. Le temps non pas suspendu mais détendu.

La lenteur peut donc aussi être cette jubilatoire détente du temps, là où l'être-lent n'est plus lent à la détente, mais à la détente du lent : le « lent » (ou la lenteur) détend en levant la pression.

METTRE DU TEMPS, MAÎTRE DU TEMPS

Est lent celui qui met du temps – du temps à bouger, à changer, à s'adapter. L'être-lent résiste à la transformation rapide, à l'aménagement, à la souplesse, à l'agilité. L'être-lent n'est pas « flex ». Il traîne des pieds, ne souscrit pas à l'agilité. Il est toujours suspect d'être au mieux un peu rétif, au pire complètement sclérosé.

L'entreprise est le haut lieu du bannissement de la lenteur. Un bon management se mesure à la rapidité des exécutions qu'il impulse. L'efficacité est évaluée à l'aune du temps qu'elle requiert. Malgré des discours parfois conciliants, à grand renfort de concepts managériaux innovants, l'entreprise demeure quasi « naturellement » rétive à toute forme de lenteur. Le *slow management* (voir « Évangélisme », p. 89) essaie bien de prôner une gestion plus humaine et plus durable en entreprise, en privilégiant la qualité sur la quantité, des rythmes moins oppressants, la collaboration sur la compétition et le bien-être des employés. Mais force est de constater que la lenteur n'est pas productive. Ou, du moins, n'apparaît que très rarement comme telle.

Cette dernière est systématiquement associée à une perte de rendement, à des coûts supplémentaires et à un défaut de compétitivité. La culture d'entreprise étant souvent axée sur l'optimisation des processus, la réduction des délais et l'augmentation des cadences, la place – et la bienveillance – accordée aux phénomènes lents est minime. La lenteur n'est pas une valeur entrepreneuriale. Toute lenteur est à chasser, à réduire, à optimiser – que ce soit à coups de motivation, de sanctions ou de négociations, elles-mêmes d'ailleurs plus ou moins lentes.

Si l'on avait mauvais esprit, on pourrait pourtant remarquer que l'entreprise est traversée par toutes formes de lenteurs. Celles de certains salariés qui tardent à effectuer leurs « tâches », bien sûr ; dont on va alors interroger les capacités (peut-il aller plus vite ?), comme les motivations (a-t-il envie d'aller plus vite ? Est-il lent volontairement ou malgré lui ?). Mais celles (de lenteurs) aussi de la direction à prendre en compte certaines revendications, à mettre en place certains processus ou adaptations de formes de travail, quand ce n'est pas tout bonnement une forme de lenteur à se mettre en conformité réglementaire sur certains plans. Les entreprises, elles aussi, traînent parfois des pieds et sont lentes à l'allumage. D'une certaine façon, on pourrait dire que la lenteur, c'est le refoulé de l'entreprise.

Ultime paradoxe : **toute lenteur est rapidement bannie.** Tout ce qui ralentit le rythme est perçu comme une entrave, une anomalie à éradiquer. La lenteur est ainsi reléguée au rang d'ennemie, d'obstacle à la sacro-sainte rapidité/efficacité. Toute forme de lenteur proscrite, sans autre forme d'examen, au nom même de la rapidité.

Et cela est certainement une erreur, car il n'y a qu'un pas du paradoxe à l'ironie : ironiquement, la quête effrénée de la vitesse, au nom de l'efficience et du profit, peut paradoxalement conduire à une forme de lenteur. Le burn out, les maladies liées au stress, les difficultés à se concentrer, la démotivation sont autant de conséquences de cette course effrénée qui finissent par nous ralentir, voire nous immobiliser.

Les entreprises devraient se rendre compte que la course à la rapidité à tout prix peut être contre-productive et nuire à la performance. Et, pour cela, non seulement penser la lenteur, mais chercher à la comprendre et à lui faire une place. Encore faudrait-il, à cette fin, prendre un peu de temps… et, de fait, « injecter » un peu de lenteur.

PROCRASTINATION

Souvent, l'être-lent procrastine. Il remet au lendemain. Il diffère le moment de s'y mettre et pense qu'il aura toujours suffisamment de temps, qu'il ne sera jamais pressé.

Cet art de repousser à plus tard peut indéniablement être interprété comme une forme de lenteur. Cette dernière est le symptôme majeur du procrastinateur. Si procrastination et lenteur sont deux processus (et deux concepts) distincts, ils se chevauchent et s'alimentent mutuellement. De fait, procrastiner retarde.

La procrastination se définit comme le report volontaire et souvent répétitif de tâches, malgré les conséquences négatives qui peuvent en découler. Elle est souvent associée à des émotions négatives, telles que l'anxiété, la peur de l'échec ou même un certain perfectionnisme qui devient handicapant. Si, comme nous l'avons dit, la lenteur diffère, la procrastination en est la méthode absolue. Ne craignons pas le jeu de mots : **la procrastination, c'est le « lent demain » !**

Le philosophe américain John Perry a exploré ce phénomène de façon originale, mettant en lumière les aspects positifs et les potentiels bénéfices de cet « art » de reporter au lendemain (c'est le sous-titre de son livre). Professeur émérite de philosophie à l'université de Stanford, Perry partage ses réflexions et expériences personnelles, souvent drôles, dans *La Procrastination : l'art de reporter au lendemain*[1].

L'originalité du livre de Perry tient à ce que le philosophe ne cherche pas à convaincre d'arrêter de procrastiner, mais plutôt à aider à le faire de manière plus productive, à travers le concept singulier de « procrastination structurée ».

---

1. John Perry, *La Procrastination : l'art de reporter au lendemain*, Autrement, 2012.

À l'inverse de la lenteur, qui est perçue comme un défaut, Perry pense que la procrastination peut être revendiquée comme méthode de travail potentiellement efficace, si elle est bien maîtrisée. De quoi intéresser ceux qui sont confrontés à la lenteur, notamment en entreprise (voir « Mettre du temps, maître du temps », p. 101). Car, contrairement à ce que l'on peut penser hâtivement, le procrastinateur et, partant, l'être-lent ne sont pas des fainéants. « Procrastiner, c'est remettre au lendemain ce que l'on devrait faire le jour même. La procrastination structurée, c'est l'art de mettre à profit cette faiblesse de caractère », définit John Perry, avant d'ajouter : « Mais attention, procrastiner n'équivaut pas à ne rien faire du tout. Le procrastinateur est rarement inactif : il s'adonne à des activités utiles mais marginales, comme jardiner, tailler des crayons ou griffonner un diagramme qui prévoit comment classer ses dossiers. Pourquoi s'emploie-t-il à ces activités ? Parce qu'elles sont prétexte à se soumettre à une tâche plus importante. »

La procrastination n'a rien à voir avec la paresse ou l'inefficacité. Ceux qui repoussent systématiquement au lendemain peuvent être extrêmement productifs, en utilisant leur tendance à éviter certaines tâches pour en accomplir d'autres. En structurant sa liste de tâches de manière que celles qui sont moins prioritaires soient aussi plus attrayantes ou importantes que celles que l'on cherche à éviter, le procrastinateur finit par faire avancer plusieurs projets, tout en repoussant les plus urgents. La « procrastination structurée » se veut ainsi une méthode consistant à reporter volontairement les tâches les moins importantes, ou les moins urgentes, afin de se concentrer sur celles qui le sont davantage. En d'autres termes, il s'agit de procrastiner de manière stratégique – ou de dériver et mettre à profit l'énergie active de la procrastination.

L'analyse de Perry, pragmatique et un brin utilitariste, est intéressante à plus d'un titre. Retenons ici que l'impression, ou l'effet, de lenteur peut avoir des causes qui ne sont pas marquées du sceau de la négativité. La procrastination entraîne une lenteur apparente, mais elle masque aussi une activité créatrice souvent forcenée. Si la procrastination est une forme de lenteur volontaire reportant intentionnellement certaines tâches, c'est aussi qu'elle est une des conditions de l'émergence de la créativité, notamment.

À travers la procrastination, John Perry nous rappelle qu'**est lent tout ce qui infuse** et prend souvent des dérivations, des chemins de traverse… ou de travers (voir « Chemins », p. 151).

VOLONTÉ, VIOLENCE ET DÉCEPTION

Si la lenteur inquiète et demeure souvent insupportable, c'est qu'elle semble justement saper la volonté. Cette dernière s'effectue toujours immédiatement. On veut toujours immédiatement, même quand c'est pour plus tard. La volonté s'actualise toujours au présent, elle est immédiatement performative. La lenteur est sa symétrique inversée : elle ne délivre rien, ne performe rien.

En différant, l'être-lent donne l'impression de ne pas savoir ce qu'il veut. Il ne sait pas choisir, trancher. Il prend trop de temps à se décider, à passer à l'acte. Est lent celui qui n'arrive pas à ses fins. Qui n'aboutit pas.

Or, quand rien ne se veut, tout se vaut. Tout s'équivaut, dans une forme de latence ; et rien ne semble plus avoir de valeur ni de saveur. Arase du monde. Perte des valeurs. Abolition des saveurs. Insipidité généralisée. En deçà de la volonté, la lenteur travaille en revanche avec obstination ; un travail de sape (voir « La lente déliquescence des choses », p. 119) qui vient ruiner toute assurance sur soi, le monde et les choses. Elle est, de ce point de vue, hautement philosophique.

Si la lenteur nous est intolérable et douloureuse, c'est qu'elle est vécue comme une violence. Il y a une violence de la lenteur, qui se vit dans l'abandon de la volonté et de la maîtrise. Qu'elle soit volontaire ou involontaire, subie ou acceptée, la lenteur renvoie ainsi chacun d'entre nous à une forme d'impuissance ou de battue en brèche du fantasme de toute-puissance. Ainsi, l'être-lent déçoit toujours. Mais il assume et revendique, car, comme le formulait si bien Gilles Deleuze, « décevoir est un plaisir ».

Le plaisir de déjouer non pas seulement le temps, mais l'attente (voir « L'attente », p. 131) et la compréhension.

Par-delà la volonté, le contrôle, la maîtrise, l'assurance et la toute-puissance, la lenteur est une force de subversion profondément abrasive. Mais, ce faisant, elle convoque la pensée. La déception appelle la conception.

LE LABEUR INCERTAIN DE LA LENTEUR

L'être-lent est le laborieux. Celui dont le travail se fait sentir et qui souffre à la tâche. Celui dont on ne sait pas même s'il atteindra le but ou obtiendra un résultat.

La lenteur est toujours le symptôme de cette incertitude. Va-t-il y arriver, lui qui semble tant peiner et qui ne délivre pas – pas encore, pas immédiatement, pas rapidement, pas facilement – ce qu'on attend de lui ? **La lenteur, c'est l'inquiétude du résultat non encore obtenu.** Mais pourquoi est-ce si lent ? Qu'est-ce qui cloche ?

Le génie n'est jamais lent, du moins le croit-on. Il est supposé travailler par fulgurances, transporté soudainement par la flamboyance de l'inspiration fulgurante.

Le laborieux mouline, peine, besogne, sans résultat immédiat.

Est lent ce qui n'a pas encore lieu et qui, pourtant, est en train de s'effectuer. Est lent ce qu'on ne peut encore verser au passif de l'effectuation. Cela n'est pas encore arrivé, pas encore rendu, pas encore réalisé, pas encore répondu, pas encore enregistré, pas encore fini, pas encore commencé, pas encore verbalisé… Est lent ce qui n'est pas abouti. Ça n'y est pas. Parce que cela prend du temps. Et plus que prévu. On ne s'attendait pas à ce que cela prenne autant de temps, à ce que cela dure si longtemps. **La lenteur est invariablement l'indice d'un temps déjoué** ou d'un temps révisé (voir « Résistance et immanence de la lenteur », p. 37).

Voilà l'insupportable de la lenteur. Elle pointe une absence de ce qui est tant attendu et qui tarde à venir. Celle non pas du but, mais de la butée. La lenteur est le nom d'un événement sans avènement.

Elle n'accouche de rien, ne délivre (de) rien. Elle se contente de travailler, sourdement, quasi sournoisement.

La lenteur scelle la parturition du temps, lorsque ce dernier est gros des promesses, des attentes, des possibles, sans encore féconder le réel. Elle suscite et alimente sans relâche une certaine angoisse, car elle n'est pas, à proprement parler, une déception, mais la promesse ou l'éventualité de toutes les déceptions. Dépositaire de cette incertitude, de cette inquiétude face à ce qui travaille mais ne va pas de soi, la lenteur en est la marque. Il n'y a pas de lenteur facile, car, si c'était facile, cela irait vite.

LA LENTE DÉLIQUESCENCE DES CHOSES

« Toute vie est, bien entendu, un processus de démolition », constatait Francis Scott Fitzgerald. Et l'ironie est que ce processus met toute une vie à arriver à sa fin. Les choses se dégradent. Certaines rapidement, d'autres moins, plus lentement, sans qu'on y prête attention, presque de façon insidieuse. Un amour ou une amitié qui passe et se ternit sans qu'on y prenne garde, une maladie qui ronge et travaille lentement sans bruit, l'inexorable qui délite les corps et creuse les rides sur les visages sans qu'on s'en rende compte, imperceptiblement. Il y a une perversité de la lente déliquescence des choses. Elle réside justement dans l'illusion de nous laisser croire que les choses pourraient être permanentes, sans effritement, sans lézarde ; apparemment définitives. Mais avec le définitif commence le mensonge.

La lenteur ruine toujours discrètement, sans crier gare. On ne la voit pas à l'œuvre. Nous l'avons dit : il n'y a pas d'évidence de la lenteur, c'est pourquoi une fracture soudaine laisse plus d'espoir et de réconfort qu'une lente et imperceptible fêlure.

LENTEUR, BONHEUR ET FACILITÉ

Si c'était facile, cela irait vite. Pourquoi met-on du temps à être heureux ? Pourquoi met-on du temps à penser par soi-même, à être libre, à s'affranchir de ce qui nous empêche de vivre pleinement ? Pourquoi avons-nous trop souvent l'impression d'être en retard sur ce qu'on aimerait vivre ? Pourquoi les choses résistent-elles ? À moins que ce soit nous qui résistions. Pourquoi les choses ne sont-elles pas faciles, rapides, simples, mais lentes et compliquées ?

Parce que rien ne va de soi. Toutes ces choses, humaines, trop humaines, ne sont pas évidentes. Si elles l'étaient, nous n'aurions pas besoin de les penser ; mais, surtout, elles seraient immédiates.

Un philosophe a pointé ce lent travail pour arriver à répondre à ces questions. Il l'a résumé dans une formule demeurée célèbre : « Une hirondelle ne fait pas le printemps. » Passé à la postérité, le succès de l'adage a fait oublier son auteur, tout comme sa suite. Car Aristote – puisqu'il s'agit de lui – poursuit : « La félicité et le bonheur ne sont pas davantage l'œuvre d'une seule journée. » Il faut du temps pour être heureux, comme pour arriver à se connaître soi-même. Le bonheur n'arrive pas d'un claquement de doigts ou d'un battement d'ailes.

Il n'est pas une « disposition », mais une activité. Si le bonheur était une disposition, « alors il pourrait appartenir même à l'homme qui passe sa vie à dormir, menant une vie de végétal, ou à celui qui subit les plus grandes infortunes ». Or, le bonheur, c'est avant tout ne pas subir, ne pas être passif. Une vie réussie se construit activement ; et le bonheur est le fruit d'un lent et difficile travail patiemment mené.

La lenteur est toujours la marque d'une difficulté, d'une résistance, d'une non-évidence. Et son refus ou son rejet, le symptôme d'un déni de la difficulté. Tout devrait être fluide. Comme si les choses ne devaient pas être lentes et difficiles. Elles devraient aller de soi, couler de source. C'est du moins ce qu'on attend d'elles.

PATIENCE : LA LENTEUR, C'EST LES AUTRES

Si la lenteur nous est si insupportable, c'est que son effet se mesure en attente et en patience – nombreux sont les parcimonieux en patience et en attente. **La lenteur, c'est toujours la lenteur de l'autre**, celle que l'on subit d'autrui. Il peut, bien sûr, arriver que l'on s'agace de sa propre lenteur (les résistances à passer à l'acte), mais on y est en général bien plus conciliant qu'avec celles des autres ; et, la plupart du temps, notre propre lenteur ne nous affecte pas particulièrement. Et pour cause : notre propre lenteur ne nous fait pas attendre. Elle est notre rythme, et nous y sommes non seulement accoutumés, mais plus que cela : elle fait partie de notre idiosyncrasie !

Nous sommes notre propre lenteur, elle ne nous retarde pas. En revanche, nous sommes toujours l'être-lent d'un autre (qui sera plus rapide, plus speed ou plus stressé que nous, et que l'on fera patienter).

Est lent celui qui fait attendre. L'être-lent convoque la patience et le philosophe qui sommeille, parfois bien profondément, en chacun d'entre nous.

Aussi, la lenteur de chacun nous rappelle la patience comme vertu philosophique par excellence. Valorisée par diverses traditions philosophiques pour sa capacité à promouvoir la sagesse, la maîtrise de soi et le bien-être personnel, la patience est considérée comme une qualité majeure depuis l'Antiquité.

Pour les stoïciens, elle est ainsi une des vertus essentielles requises pour toute personne qui aspire à la sagesse. Ils la voient comme une forme de résilience face aux événements de la vie. La patience permet de supporter les épreuves, d'endurer les souffrances et les difficultés avec sérénité, en acceptant le cours des événements tel qu'il est. Synonyme d'endurance et de courage, la patience est alors considérée comme une qualité fondamentale pour atteindre l'ataraxie – cet état de tranquillité de l'âme.

Dans ses *Pensées pour moi-même*[1], Marc Aurèle décrit l'importance de rester calme et patient face aux obstacles, en comprenant que tout fait partie de l'ordre naturel de l'univers. Sénèque, dans ses *Lettres à Lucilius*[2], insiste également sur le fait que la patience nous aide à accepter les choses que nous ne pouvons pas changer, celles qui ne dépendent pas de nous – pour reprendre l'expression d'Épictète. Pas de tranquillité de l'âme sans patience.

Contrairement à l'idée reçue que nous pouvons en avoir aujourd'hui, la patience, pour les stoïciens, ne se réduit pas à une simple attente. Elle est en réalité une forme d'endurance active, liée à l'*apatheia*, qui désigne l'absence de passions troublantes. Les stoïciens

1. Marc AURÈLE, *Pensées pour moi-même*, Les Belles Lettres, 2015.
2. SÉNÈQUE, *Lettres à Lucilius*, Flammarion, 2017.

considèrent que la capacité à supporter les épreuves découle de celle à accepter avec sérénité les événements de la vie, ainsi que d'une confiance profonde dans l'ordre universel du cosmos. En acceptant les vicissitudes de l'existence, le philosophe stoïcien ne cherche pas à maîtriser le monde extérieur, mais à cultiver une attitude intérieure de détachement et d'acceptation. En accueillant les événements tels qu'ils se présentent (« N'attends pas que ce qui arrive arrive comme tu le veux. Veuille que les choses arrivent comme elles arrivent, et tu seras heureux » – *Manuel d'Épictète*, VIII), le stoïcien parviendra à maîtriser ses émotions et à trouver la paix intérieure.

Aussi, la lenteur ressentie et subie n'est qu'un défaut de patience et, partant, de sagesse. L'impatient s'agace d'un retard ; le sage ne perçoit même pas la lenteur.

Aristote, dans son *Éthique à Nicomaque*[1], aborde la patience dans le cadre de la vertu de modération.

1. Aristote, *Éthique à Nicomaque*, Flammarion, 2004.

Fidèle à sa « doctrine du juste milieu » (ou *méson*, en grec), selon laquelle chaque vertu réside dans la juste mesure entre l'excès et le défaut, Aristote voit la patience comme un équilibre entre deux extrêmes : l'impatience et l'indifférence. Pour le Stagirite, la patience est liée à la tempérance et à la maîtrise de soi – deux qualités indispensables pour arriver à la vie heureuse.

Prenons un dernier exemple : pour Spinoza, vivre selon la raison conduit à une vie éthique et harmonieuse. La patience est une manifestation de cette vie éthique, car elle implique de comprendre et de gérer ses émotions et ses désirs de manière rationnelle.

La patience consiste à accueillir le monde tel qu'il est, avec ses imperfections et ses contradictions. C'est une disponibilité à l'autre et à l'événement.

L'ATTENTE

Il faut croire que nous sommes aujourd'hui bien peu philosophes pour ne plus avoir aucune patience.

C'est que nous ne savons plus attendre. Tout doit être immédiat. Rien ne doit être long, loin ou lent.

Bien qu'elle puisse sembler un non-événement banal de la vie quotidienne, l'attente est une expérience humaine fondamentale, impliquant notre relation au temps, au désir, à l'espoir et à autrui. Elle induit aussi une forme d'absence, car on attend toujours quelque chose ou quelqu'un qui n'est pas là, ou pas encore là, et qui est censé arriver.

Certains ont même vu dans l'attente une dimension fondamentale de l'existence et de la condition humaine. C'est par exemple le cas de Maurice Blanchot dans son récit *L'Attente, l'oubli*[1].

L'attente est le concept central du livre, quasiment un personnage à part entière. Blanchot explore l'attente non pas comme un état temporaire avant un événement, mais comme une condition existentielle en soi. Les personnages attendent, mais l'objet de leur attente n'est jamais clair, et cela semble parfois être l'enjeu même – attendre pour attendre. « Depuis quand avait-il commencé d'attendre ? Depuis qu'il s'était rendu libre pour l'attente, en perdant le désir des choses particulières et jusqu'au désir de la fin des choses. L'attente commence quand il n'y a plus rien à attendre, ni même la fin de l'attente. L'attente ignore et détruit ce qu'elle attend. L'attente n'attend rien. »

L'attente n'a pas d'objet, n'est pas transitive. Elle est plutôt un état d'être, une suspension du temps où le sujet se tourne

1. Maurice Blanchot, *L'Attente, l'oubli*, Gallimard, 2000.

vers l'intérieur de lui-même. L'attente devient alors une manière d'être au monde.

Seul l'oubli peut répondre à l'immanence de cette attente sans objet. Là aussi, il ne s'agit pas seulement de l'oubli d'événements ou de souvenirs, mais d'une forme d'oubli existentiel, où les personnages semblent perdre de vue non seulement ce qu'ils attendent, mais aussi pourquoi ils attendent. Cet oubli n'est pas vécu comme une perte, mais plutôt comme une libération. Oublier, c'est se détacher du passé, du connu, pour se tourner vers un avenir indéfini. L'oubli est ainsi une condition nécessaire à l'attente, car il permet de maintenir une ouverture à l'inconnu.

Tandis que le degré de la vitesse est, pour Milan Kundera, directement proportionnel à l'intensité de l'oubli, c'est, chez Blanchot, l'intensité vécue de l'attente qui est corrélative au degré de l'oubli.

Si la lenteur nous semble si exécrable, c'est qu'elle nourrit cette expérience douloureuse de l'attente. L'attente est l'expérience même de la lenteur comme expérience temporelle prolongée. Alors, la lenteur transforme le temps en durée, dans le ressenti de l'écoulement des secondes, des minutes, des heures. Cette dilatation du temps est une forme de lenteur imposée, qui peut être source d'impatience, d'agacement, d'angoisse, car elle nous oblige à vivre le temps qui passe, en ne semblant justement pas passer, car la **lenteur est la persistance de quelque chose qui n'arrive pas.**

Un autre texte célèbre, que l'on ne peut pratiquement pas ne pas évoquer lorsqu'on évoque l'attente, a exploré ce thème : *En attendant Godot*[1], de Samuel Beckett.

Deux personnages principaux, Vladimir et Estragon, attendent un certain Godot, sans savoir exactement qui il est, pourquoi ils l'attendent ou s'il viendra un jour. Cet état d'attente perpétuelle, sans but clair, reflète

1. Samuel Beckett, *En attendant Godot*, Les Éditions de Minuit, 1952.

l'idée de l'absurdité – un concept clé de la philosophie existentialiste. L'attente devient une activité en soi, vide de contenu, où le sens de l'existence semble se dissoudre dans l'inutilité.

Cette attente insensée souligne l'absurdité de la condition humaine, confrontée à l'incertitude et au vide. L'attente devient une métaphore de la vie elle-même : une série d'événements sans direction claire, où l'espoir persiste malgré l'absence de certitudes ou de réponses.

L'attente de Godot, qui ne vient jamais, symbolise l'espérance perpétuelle de quelque chose – du sens, de l'ordre, du salut – qui ne se matérialise pas, n'arrive pas ; laissant les personnages et, par extension, les spectateurs, face à l'angoisse du vide.

Le temps, dans *En attendant Godot*, est étiré, presque suspendu. Les journées se ressemblent, les actions sont répétitives, et les dialogues tournent en rond. Cette dilatation temporelle crée une sensation de lenteur, qui accentue l'absurdité de la situation. Cette lenteur, dans *En attendant Godot*, est plus qu'un simple élément de style. Elle permet à Beckett d'explorer les affres de l'attente, qui exposent la vacuité et l'absurdité de la condition humaine. Elle en est le révélateur.

L'attente est, par essence, cette expérience temporelle imposée par une forme de lenteur. Dans notre société contemporaine, marquée par l'urgence et l'instantanéité, la lenteur et l'attente apparaissent comme des actes difficiles à supporter, des expériences existentielles douloureuses. On ne sait plus attendre. Notamment parce que cet impérieux travail de la lenteur nous confronte à une autre dimension fondamentale : celle de l'ennui et des limites de la volonté. Celui qui attend est tributaire de ce qui n'arrive pas. Tributaire et impuissant. Sa volonté est mise en défaut. Et, la plupart du temps, son attente n'arrive pas à masquer l'ennui dont il est la proie.

RIEN NE SERT DE COURIR

« Rien ne sert de courir, il faut partir à point. » Qui ne connaît pas la célèbre morale de la fable de Jean de La Fontaine *Le Lièvre et la Tortue*.

L'histoire est, bien sûr, connue de tous : un lièvre, sûr de sa rapidité et fier de sa vitesse, se moque de la lenteur d'une tortue. Celle-ci, piquée au vif, le défie à la course. Sûr de sa victoire, le lièvre arrogant décide de manger, puis de se reposer en chemin. Pendant ce temps, la tortue ne se démonte pas : « Elle part, elle s'évertue ; elle se hâte avec lenteur. » Elle avance lentement, certes, mais sûrement. Au point de devancer le lièvre endormi. Lorsque celui-ci se réveille, il est déjà trop tard. Malgré son « train de sénateur », la tortue arrive première.

Jean de La Fontaine met au cœur de sa fable la lenteur comme vertu. Pour une fois, la lenteur n'est pas envisagée sous l'angle du manque et du défaut. Bien au contraire, elle est associée à deux qualités éminemment appréciées : la constance et la persévérance. Lorsqu'elle est accompagnée de persévérance, la lenteur peut être une force redoutable. Être-lent par excellence, la tortue de La Fontaine avance avec une détermination inébranlable. Et c'est certainement sa lenteur chronique qui lui donne cette force et cette résignation.

La lenteur est, ici, gage de constance et de fermeté. Celle-ci lui permet de continuer à progresser infatigablement vers son objectif, sans se laisser distraire ou décourager. *A contrario*, la rapidité du lapin est synonyme non pas uniquement de célérité, mais aussi de légèreté et d'insouciance, aboutissant à de la négligence menant à l'échec. La vitesse ne fait pas tout et n'est pas nécessairement un gage de réussite. Pire, l'assurance d'être le plus rapide peut amener à être imprévoyant.

La lenteur agit ici comme une forme de prudence, malgré elle. C'est la lenteur connaturelle à la tortue qui la pousse à être aussi déterminée.

Ajoutons que la lenteur de la tortue est également source d'une certaine forme de confiance et d'humilité. La tortue connaît ses limites et les accepte avec humilité, ce qui va lui donner un avantage décisif. Elle n'a pas l'arrogance du lièvre, qui va justement le faire s'égarer, tout assuré qu'il est de finir premier de cette course.

Dans un monde où la vitesse est souvent survalorisée, la fable de La Fontaine rappelle que la lenteur n'est pas systématiquement synonyme de faiblesse et de défaut. Au contraire, elle peut même s'avérer être un atout. Le parcours de la tortue représente le cheminement d'une approche réfléchie et mesurée, qui va se révéler capable de surmonter des obstacles, grâce à la patience et à la rigueur.

Constance et persévérance, connaissance de soi et humilité, résolution et patience…

la lenteur apparaît comme emblématique d'une série de vertus qui définissaient l'attitude philosophique, telle que la revendiquaient les anciens.

Et ce particulièrement si l'on considère cette fable sous un angle métaphorique particulier, plus métaphysique : si le trajet de cette course est celui du parcours de chaque vie, alors le lièvre de La Fontaine désigne celui qui s'éparpille en permanence, tout feu, tout flamme, et dans l'inconstance même de sa course et de son propre étourdissement. Celui-là ira vite, touchera à tout, peut-être avec brio, mais n'aboutira à rien et brûlera sa vie aux feux de l'arrogance. En revanche, le laborieux obstiné, moins flamboyant, plus lent mais pas moins lucide, aura la réjouissance d'arriver à son but. Rien ne sert de s'agiter, il faut vivre lentement.

HÂTE-TOI LENTEMENT

Dans sa fable, Jean de La Fontaine reprend une formule oxymorique héritée de l'Antiquité : de la tortue, il explique qu'« elle se hâte avec lenteur ». L'expression paradoxale est empruntée aux anciens.

L'expression « se hâter lentement » trouve, en effet, ses racines dans le proverbe latin « *festina lente* », qui signifie littéralement « hâte-toi lentement ».

Le proverbe latin est attaché à l'empereur romain Auguste (63 av. J.-C.-14 apr. J.-C.). La devise était inscrite sur son soleil – un objet symbolique représentant le pouvoir impérial. Auguste utilisait cette injonction pour conseiller ses généraux et ses administrateurs, soulignant l'importance d'agir avec une combinaison de rapidité et de prudence.

En apparence contradictoire, cette expression exhorte à agir avec une certaine urgence, tout en recommandant la prudence et la circonspection, et invite à une réflexion sur le rapport entre la vitesse et l'efficacité. La célérité de l'action n'est assurée qu'au terme d'un temps préparatoire, celui de la réflexion avant d'agir. Si l'on veut agir vite et précisément, il faut néanmoins éviter la précipitation, qui ne mène qu'à des actions brouillonnes et fortuites, impréméditées.

« Hâte-toi lentement » encourage donc chacun à agir avec prudence et méthode, plutôt que de se précipiter. Il s'agit de trouver un équilibre entre la réflexion et l'action. Il est crucial de savoir prendre le temps de réfléchir avant d'agir, même s'il est tout aussi important de ne pas rester paralysé par l'indécision.

L'adage ne sera pas seulement repris par Jean de La Fontaine et ne se cantonnera pas au domaine « moral ». Il va également devenir une règle de l'esthétique classique.

À la même époque que La Fontaine, Nicolas Boileau prodigue des conseils aux poètes sur la façon de bien écrire. Dans son *Art poétique* (1674), l'homme de lettres insiste sur la nécessité de travailler son texte avec soin, de le retravailler plusieurs fois, de le polir et de le perfectionner. Voici ce qu'il écrit :

> Hâtez-vous lentement,
> et, sans perdre courage,
> Vingt fois sur le métier
> remettez votre ouvrage :
> Polissez-le sans cesse
> et le repolissez ;
> Ajoutez quelquefois, et souvent
> effacez.

En art comme dans la vie, la patience est une vertu : il ne faut pas se décourager face aux difficultés et continuer à travailler jusqu'à obtenir un résultat satisfaisant. En art comme dans la vie, il ne faut pas être pressé, car seul le résultat final comptera pour l'éternité. En art peut-être plus que dans la vie, la précipitation n'est pas de mise. Elle ne peut produire qu'une œuvre bâclée.

La lenteur n'est pas un frein à la création, bien au contraire. Elle semble être un prérequis, une condition à la création littéraire. Il est fondamental de prendre le temps de soigner sa langue et de structurer ses idées. « Ce que l'on conçoit bien s'énonce clairement, et les mots pour le dire arrivent aisément », écrira également Nicolas Boileau dans son *Art poétique*. Et cela ne va pas de soi ! L'écrivain est un orfèvre qui travaille méticuleusement, il a besoin de patience et de ténacité, d'abnégation et d'humilité. « Ce qui se conçoit lentement s'énonce clairement », aurait presque pu écrire l'auteur de l'*Art poétique*.

Hérité de l'Antiquité ou du Grand Siècle français, le « hâtez-vous lentement » est une recommandation intemporelle qui reste aujourd'hui plus que jamais pertinente. Dans une société contemporaine hantée par la vitesse et l'immédiateté, cette sagesse ancienne nous rappelle que la lenteur n'est pas l'ennemie de l'efficacité. Elle est même souvent le gage de l'excellence et la clé de voûte d'une réussite qui ne se construit jamais uniquement sur la rapidité, et encore moins sur la précipitation, mais plutôt sur une forme de prudence et de patience. Tout vient à point à qui sait attendre.

LENTEMENT MAIS SÛREMENT

La langue est mémoire. Elle enregistre et transmet des valeurs et des pratiques culturelles à travers les expressions, les mots et, surtout, à travers le temps. Elle a ainsi enregistré les bienfaits de la lenteur et en a conservé la mémoire, celle d'un temps jadis où la lenteur n'était ni une infamie ni un handicap. Elle a gardé en elle les traces des avantages de la lenteur.

Il fut, en effet, un temps où la lenteur était perçue comme une qualité, et même associée à la sagesse, à la patience et à l'attention portée aux détails (voir «Avec minutie», p. 81). La lenteur était l'apanage des penseurs, des artisans d'art, des diplomates. Elle fut, de surcroît, gage d'excellence et de sûreté, de fiabilité, d'assurance, de solidité et de justesse. C'est ce que consigne l'expression « lentement mais sûrement ». L'origine exacte de cette expression est difficile à restituer, mais elle est profondément ancrée dans la culture populaire de nombreux pays, notamment en Italie, avec le « *Chi va piano va sano* ». La locution met en évidence le contraste entre la rapidité et la fiabilité. Elle suggère que prendre le temps peut conduire à un résultat plus solide et durable. **La pérennité est fille de lenteur.** Rien de durable ne se bâtit rapidement.

L'action ou le processus à un rythme lent progresse de manière constante et fiable vers son objectif et est, in fine, l'assurance d'une réussite. Même si le rythme est lent, les résultats finissent par être atteints. Il y a quelque chose d'inéluctable dans la lenteur, que rien ne peut détourner de son cours. Et cela devrait nous rassurer plutôt que de nous agacer ou de nous inquiéter. La lenteur est une force tranquille. Et si **la lenteur** est lente, c'est qu'elle **n'est pas seulement une vitesse, mais un processus.**

Ce dernier nous rappelle que les choses les plus durables sont souvent celles qui se construisent doucement, nourries par la patience, la persévérance et la qualité. On pourrait alors dire aussi : « rapidement mais douteusement ». Tout ce qui est fait avec rapidité devrait être suspecté d'être bâclé. L'idée que la rapidité est toujours synonyme d'efficacité peut être rassurante, mais elle est fausse. Une progression ou une réalisation rapide se fait souvent au détriment de la sécurité ou de la qualité, quand elle n'est pas, tout bonnement, la marque d'une précipitation excessive et risquée. La langue le sait : il suffit de remplacer « rapide » par « hâtif » pour que la perspective change.

On retrouve ici l'intuition de Milan Kundera dans *La Lenteur*[1] : « Quand les choses se passent trop vite, personne ne peut être sûr de rien. » Plutôt que de fasciner, la rapidité devrait susciter une certaine forme de méfiance. Tout ce qui est fait rapidement

1. Milan KUNDERA, *La Lenteur*, *op. cit.*

est suspect. Suspect de manquer de soin, de qualité, de rigueur, voire d'honnêteté dans certains domaines.

Nous privilégions systématiquement la rapidité, parce qu'elle se donne dans l'évidence de sa propre manifestation. Cela rassure. Tandis qu'il n'y a pas d'évidence de la lenteur. D'abord, parce que les forces rapides masquent les forces lentes, sourdes, intimes. Ensuite, parce que ce qui est lent travaille en silence, sans dire ni montrer ce qui se fait, ce qu'il se passe, où ça en est. La seule évidence de la lenteur est celle de sa propre immanence.

CHEMINS

Si l'on doit trouver une évidence de la lenteur, c'est le sociologue David Le Breton qui nous la donne. La lenteur est l'évidence du cheminement. Dans *Marcher : éloge des chemins et de la lenteur*[1], David Le Breton explore la marche comme une activité qui permet de renouer avec la lenteur et de redécouvrir le monde à un rythme plus humain.

« Seule la lenteur permet d'être à la hauteur des choses et dans le rythme du monde. Elle est l'évidence du cheminement, elle implique une progression attentive, voire contemplative, la possibilité de la halte pour profiter d'un lieu où se reposer. »

1. David Le Breton, *Marcher : éloge des chemins et de la lenteur*, Métailié, 2012.

Le Breton célèbre la marche lenteur comme le moyen de prendre le temps de savourer chaque moment et de nous reconnecter avec nous-mêmes et avec le monde qui nous entoure.

Un retour à la lenteur est nécessaire pour véritablement comprendre et apprécier la complexité et la beauté de ce monde. Ce n'est qu'en ralentissant que l'on peut s'adapter au rythme naturel des choses. Les chemins empruntés avec lenteur permettent de redécouvrir la beauté du monde et de renouer avec une forme de spiritualité et de sérénité. « La lenteur du cheminement fait de toute marche une pérégrination. La marche est retour à l'élémentaire : l'aube, le coucher du soleil, la nuit, la terre, les pierres, les collines, les montagnes, l'eau, la pluie, le vent ; elle nous rappelle notre humanité essentielle immergée dans un monde qui nous dépasse et nous émerveille ou nous inquiète[1]. » Et rien de tout cela ne peut se faire rapidement.

1. *Ibid.*, p. 48.

Être lent, c'est retrouver quelque chose de perdu par la précipitation, celle-là même qui appauvrit notre expérience.

Être lent, c'est cheminer ; cheminer, c'est être lent. La lenteur est connexe à la marche. Elle souligne également l'importance du parcours, du cheminement, plutôt que de la destination finale. Car, contrairement à ce que pensait Heidegger, un chemin ne mène jamais nulle part.

Il n'y a pas de raccourci pour celui qui veut cheminer, car « la marche déjoue les impératifs de vitesse, de rendement, d'efficacité. Elle ne consiste pas à gagner du temps mais à le perdre avec élégance[1]. » Alors, seulement, on peut sortir des sentiers battus.

Pour David Le Breton, l'obsession contemporaine de la rapidité, de la productivité immédiate et de la performance pousse de plus en plus d'individus à rechercher une alternative dans le désir d'une lenteur régénératrice. La marche n'est pas seulement

1. *Ibid.*, p. 47.

une activité de loisir, une distraction écologique, « la marche est une occupation pleine du temps, mais dans la lenteur ». Ouvrir un chemin, sans parfois même savoir où l'on va, avec lenteur, c'est renouer avec une forme de présence à soi, au monde, si ce n'est aux autres.

Cette évidence du cheminement que David Le Breton reconnaît dans la lenteur est aussi bien physique que mentale. Penser, c'est aussi cheminer, ouvrir des voies, tracer des trajectoires et retrouver quelque chose de perdu : celui du plaisir du contact avec le réel. On ne pense pas hâtivement, ou alors on pense mal, pire, on dévoie la pensée.

FLÂNER

Il y a des choses que l'on ne peut pas faire rapidement, qui requièrent même une certaine lenteur : flâner en fait partie. « Le marcheur réinvente la flânerie, le fait de prendre son temps », constate David Le Breton. Et d'ajouter : « il ne va pas plus vite que son ombre », avant d'évoquer Milan Kundera regrettant la disparition des flâneurs dans notre société.

Attachée au XIXe siècle, la figure de flâneur a été longuement thématisée par Walter Benjamin, principalement dans ses travaux sur Paris au XIXe siècle, notamment dans *Paris, capitale du XIXe siècle*[1]. Loin d'être un simple promeneur ou un passant, le flâneur devient,

1. Walter Benjamin, *Paris, capitale du XIXe siècle*, Allia, 2015.

chez Benjamin, un véritable archétype de l'homme moderne confronté à la complexité de la ville et aux bouleversements de son époque, notamment l'augmentation de la vitesse. Le flâneur devient la figure critique emblématique de la modernité urbaine. La flânerie devient un nouveau mode de perception adapté à la complexité et à la diversité de la grande ville. Observateur attentif, et souvent mélancolique, il arpente les passages couverts de Paris, ces lieux hybrides où se mêlent l'ancien et le moderne.

Il est un témoin privilégié de la vie urbaine, un déchiffreur des signes et des symboles qui peuplent la ville.

Mais, surtout, le flâneur benjaminien se définit dans un double rapport à la foule et à la vitesse :

« Le passant qui s'enfonce dans la foule existait déjà, mais on rencontrait encore le flâneur qui cherche des espaces libres et ne veut pas se passer de vie privée. Il va oisif comme un homme qui a une personnalité ; il proteste contre la division du travail qui fait des gens des spécialistes. Il proteste également contre leur activité industrieuse. Vers 1840, il fut quelque temps de bon ton de promener des tortues dans les passages. Le flâneur se plaisait à suivre le rythme de leur marche. S'il avait été suivi, le progrès aurait dû apprendre ce pas », écrit Walter Benjamin dans *Baudelaire*[1].

Le flâneur est à la fois partie prenante et détaché de la foule. Il traverse la ville de manière anonyme, se fondant dans la masse, tout en maintenant une distance critique. Benjamin voit le flâneur comme un médiateur entre l'espace public de la ville et l'expérience privée de l'individu. Parcouru par la force de lenteur, déambulant sans but précis, il représente également une manière de vivre et de percevoir le temps différente de l'urgence moderne. Il se plaît à suivre le rythme de la marche des tortues, car il

---

1. Walter BENJAMIN, *Baudelaire*, La Fabrique éditions, 2013.

ralentit le temps et ouvre à des expériences esthétiques et émotionnelles singulières.

Y a-t-il encore des flâneurs, aujourd'hui? «Ah, où sont-ils, les flâneurs d'antan?», questionnait justement Milan Kundera dans *La Lenteur*, avant d'ajouter: «Dans notre monde, l'oisiveté s'est transformée en désœuvrement, ce qui est tout autre chose: le désœuvré est frustré, s'ennuie, est à la recherche constante du mouvement qui lui manque.»

Avons-nous encore le sens ou le goût de la flânerie? Savons-nous encore flâner? On peut en douter, même si la figure du flâneur perdure. Flâner est une sorte d'agencement lent au monde qui peut se réinventer en permanence: «En fait, le bonheur de la flânerie ne surgit pas de ce que nous dénichons par le regard, mais dans la marche elle-même, dans une respiration libre, dans un regard que rien n'offusque, dans le sentiment d'être à l'aise en ce monde, comme s'il était légitime que nous en retirions l'usufruit», résume Pierre Sansot dans *Du bon usage de la lenteur*[1]. Sansot nous rappelle ici une dimension fondamentale de la flânerie : elle est un bonheur, une jouissance du monde, en instaurant un type de rapport libre et aisé à la réalité (aussi décevante soit-elle). Mais pas seulement. C'est aussi un rapport au temps qui se joue ici, à travers la marche, toujours. Quand David Le Breton déclare que le marcheur réinvente la flânerie et le fait de prendre son temps, il rejoint Pierre Sansot. «Flâner, ce n'est pas suspendre le temps, mais s'en accommoder sans qu'il nous bouscule», explique encore l'auteur.

Nous avons pu dire que la lenteur était invariablement l'indice d'un temps déjoué (voir «Résistance et immanence de la lenteur», p. 37). Il nous faut préciser : la lenteur n'est effectivement pas la suspension du temps, mais de la violence du temps. **La lenteur suspend le temps violentant.**

1. Pierre SANSOT, *Du bon usage de la lenteur*, *op. cit.*

Avatar emblématique de l'être-lent, le flâneur est dépositaire d'une vérité qu'il incarne de sa déambulation : **la lenteur, c'est faire abstraction du temps qui presse, pour revenir au temps qui passe.**

VIEILLIR LENTEMENT, MOURIR ENCORE PLUS

« Le temps passa, et, au fil des ans, ils se changèrent en un des couples à la jeunesse éternelle, une paire d'enfants qui grandissent lentement, sans la charge des responsabilités et des soucis des autres couples mariés », écrit Paul Auster dans son ultime livre, *Baumgartner*[1], au sujet d'un couple qui ne peut avoir de descendance. Comme si ne pas procréer épargnait la charge éprouvante qui fait vieillir vite. Et, de fait, on peut penser que, dans le meilleur des cas – c'est-à-dire comme l'évoque Paul Auster, quand on échappe aux vicissitudes et aux responsabilités parentales –,

1. Paul AUSTER, *Baumgartner*, Actes Sud, 2024.

bien vieillir, c'est grandir lentement. Une situation idéale où le temps est perçu comme un allié, permettant de vivre une vie lente, paisible et harmonieuse.

Car, s'il est un domaine où généralement on ne souhaite pas trop de rapidité, c'est bien celui du vieillissement. Comme le chantait Jacques Brel : « Mourir, cela n'est rien / Mourir, la belle affaire ! / Mais vieillir, oh, oh, vieillir. » Tant qu'à faire, quitte à vieillir, autant que ce soit lentement.

Comme le relève de façon anodine Paul Auster, c'est affaire de temps qui passe. Mais la formule est aussi anodine que trompeuse, car ce n'est pas le temps qui passe, mais nous qui, justement, ne faisons que passer. Le temps ne s'épargne pas, et ne nous épargne pas. Si la lenteur interroge notre rapport au temps, à sa durée et à son écoulement, le vieillissement est emblématique de ces problématiques. Si on oublie trop souvent que vieillir est une chance, vieillir lentement en est une double.

Vieillir ou grandir lentement, pour reprendre les mots d'Auster, n'est pas uniquement une question de durée chiffrée par le nombre des années. C'est bien plutôt, ne pas subir trop violemment les assauts du temps, des difficultés et catastrophes en tout genre que chacun devra traverser : déceptions, trahisons, échecs, deuils, maladies… Tout ce qui vient ruiner – plus ou moins rapidement et brusquement – l'idée d'une jeunesse que longtemps on croit éternelle, et l'optimisme qui va avec. La question est aussi physique que métaphysique ; ces deux dimensions étant d'ailleurs intimement liées, comme les deux faces d'une même monnaie qui ne s'échange contre rien.

Aussi, nous ne voyons pas vieillir les gens, mais nous nous rendons compte, un beau jour, qu'ils sont vieux. Notamment parce qu'ils sont devenus lents. Vieillir transforme le plus effréné des êtres en être-lent. Les vieux sont lents. Lents à se déplacer, lents à s'adapter, à réagir, lents à se souvenir, à conduire... Et cela en fait des êtres presque merveilleux. Et ce, d'autant plus que les vieux d'aujourd'hui sont, la plupart du temps, des êtres paradoxaux, mûrs donc pour la philosophie : ils sont à la fois lents et pressés, impatients. De purs oxymores vivants.

LA LENTEUR, CE N'EST JAMAIS PAREIL

La lenteur, c'est toujours les autres, mais ce n'est également jamais la même chose pour chacun. En bon socratique, j'ai demandé à qui voulait bien répondre : « La lenteur pour vous, c'est quoi ? »

Voici les réponses obtenues :

Moi qui dois rendre mon manuscrit, vivre une vie à contresens, la Poste, les trains, les vieux, les arbres, le téléchargement de gros fichiers, un escargot, la guérison, être soi, être heureux, l'apprentissage d'une langue, la création, le lecteur, une qualité d'attention, l'enfant, l'employé, la douceur, être à contrecourant, l'administration, la patience, la temporalité relative, une parenthèse de réflexion, un empêchement, mettre un pas de côté, le plaisir de vivre, la solution, un sursis, une forme de sensualité, la retraite, un bon amant, rêvasser, la maturation, savoir prendre son temps, une perte de temps, traverser au feu orange sans courir, la transition écologique, la patience, l'attention donnée au moment présent, le temps qui s'étire, la tendresse des instants, mon père qui joue au rami, lâcher prise, le repos, la promesse du désir, Byzance, l'écologie, contempler, source d'agacement, le fardeau des pressés, la bénédiction des indécis, le voyage, les étoiles, la jouissance, l'oisiveté…

Et pour vous ?

MISCELLANÉES DE LA LENTEUR

Il n'y a pas d'évidence de la lenteur.

La pérennité est fille de lenteur.

La lenteur n'est pas seulement une vitesse, mais un processus.

La lenteur est la persistance de quelque chose qui n'arrive pas.

Bien vieillir, c'est grandir lentement.

La lenteur ne promet rien.

Est lent tout ce qui infuse.

La lenteur, c'est toujours la lenteur de l'autre.

La lenteur n'est pas spectaculaire. Elle est même résistance au spectacle.

La lenteur est le silence de la durée.

Être fidèle à sa lenteur, c'est ne pas obéir à la rapidité des autres.

La lenteur sacre l'acte médité et prémédité.

On est toujours lent malgré soi.

La lenteur est ce mouvement convaincu de sa propre souveraineté.

La lenteur, c'est l'inquiétude du résultat pas encore obtenu.

La lenteur est invariablement l'indice d'un temps déjoué.

Être lent, c'est aussi ne pas bâcler.

La lenteur scelle la parturition du temps.

La lenteur de la pensée est garantie de son travail. Penser, c'est déjà ralentir.

Être lent, c'est retrouver quelque chose de perdu.

La lenteur travaille dans l'épaisseur de la durée.

La lenteur, c'est le souvenir de ce qui n'est pas encore arrivé, l'advenir de ce qui n'a pas encore eu lieu.

La lenteur suspend le temps violentant.

La lenteur, c'est faire abstraction du temps qui presse, pour revenir au temps qui passe.

Toute lenteur est rapidement bannie.

La procrastination, c'est le « lent demain ».

Conception graphique
et mise en pages : Soft Office

Achevé d'imprimer en septembre 2024
sur les presses de la Nouvelle Imprimerie Laballery
58500 Clamecy
Dépôt légal : septembre 2024
Numéro d'impression : 409259

Imprimé en France

La Nouvelle Imprimerie Laballery est titulaire de la marque Imprim'Vert®